三门球

全民健身项目指导用书

王月华　秦立鹏◎主编

吉林出版集团股份有限公司　全国百佳图书出版单位

图书在版编目（CIP）数据

三门球 / 王月华，秦立鹏主编. -- 2 版. -- 长春：
吉林出版集团股份有限公司, 2010.2（2024.8重印）
　全民健身项目指导用书
　ISBN 978-7-5463-2388-6

　Ⅰ. ①三… Ⅱ. ①王… ②秦… Ⅲ. ①球类运动 - 基
本知识 Ⅳ. ①G849.9

　中国版本图书馆 CIP 数据核字(2010)第 028515 号

全民健身项目指导用书

三门球
SANMENQIU

主　　编	王月华　秦立鹏
责任编辑	黄　群　林　琳
封面设计	吕宜昌
开　　本	650mm×960mm　1/16
印　　张	8
字　　数	60 千
版　　次	2010 年 2 月第 2 版
印　　次	2024 年 8 月第 4 次印刷
出版发行	吉林出版集团股份有限公司
地　　址	吉林省长春市福祉大路 5788 号
邮　　编	130000
电　　话	0431-81629968
电子邮箱	11915286@qq.com
印　　刷	三河市金兆印刷装订有限公司
书　　号	ISBN 978-7-5463-2388-6　定　价　39.80 元

序 言

自 1995 年我国政府推出《全民健身计划纲要》以来，我国群众性体育活动蓬勃发展，取得了显著的成绩。2008 年，举世瞩目的北京奥运会的成功举办，极大地激发了亿万人民群众的体育热情，增强了全社会的体育意识，营造了浓厚的全民健身氛围。面对这样的可喜局面，群众体育科研、教学工作者应义不容辞地为社会实践服务，从不同角度思考，如何使普通百姓通过简而易行的身体锻炼方式、方法和手段达到良好的健身效果，达到拥有健康的目标，从而享受生活、享受快乐人生。该书系就是在这样的思想指导下诞生的。

本书系能够顺应国家体育的大政方针，掌握时代脉搏，对指导大众健身，使大众掌握健身方法和手段有很好的促进作用。

本书系图文并茂，实用性强，分为球类运动、体操健身运动、传统武术、冰雪运动、水上运动、体育舞蹈、休闲运动、格斗运动、民间体育活动和极限运动等十大类项目，计 100 分册，按照统一的体例，力争有所创新。每册的具体内容为该项目的起源与发展、运动保健、基本技术、运动技巧、比赛规则等，使读者在学习过程中，不仅能够学会运动健身的方法，同时还能够学到保健方面的基本知识。

　　经国务院批准，自 2009 年起，将每年的 8 月 8 日定为"全民健身日"。《全民健身项目指导用书》的出版，必将为开展全民健身活动起到积极的推动和指导作用。

目录 CONTENTS

第一章　概述

第一节　起源与发展/002

第二节　场地、器材和装备/004

第二章　运动保健

第一节　自我身体评价/012

第二节　运动价值/016

第三节　运动保护/021

第三章　基本技术

第一节　站立与移动技术/032

第二节　持球与传接球技术/041

第三节　运球技术/058

第四节　掷界外球技术/061

第五节　守门技术/064

目录 CONTENTS

第六节　射门技术/069
第七节　个人防守技术/072
第八节　假动作技术/081
第九节　突破技术/083

第四章　基础战术
第一节　队员职责/090
第二节　基本阵形/092
第三节　进攻战术/094
第四节　防守战术/097
第五节　战术模式/100

第五章　基本规则
第一节　比赛方法/114
第二节　裁判方法/118

第一章 概述

　　三门球运动是在综合了橄榄球、手球等多种球类运动特点的基础上，设计出的一种新型球类运动。该运动具有鲜明的实用性、益智性，以及较强的观赏性。

第一节

起源与发展

三门球运动诞生于20世纪90年代末。发展至今，这项运动已经成为一项集游戏、健身和竞技于一体，形式独特新颖的球类运动。

起源

1997年，江苏省海安县学生体育协会针对农村学校场地条件较差，器材比较贫乏，学生人数众多，上课内容相对单调的实际状况，开展了一系列旨在改善教学条件，丰富教学内容的活动。在此期间，海安县学生体育协会组织和参与这项工作的人员被一个称为"四门大战"的游戏设计和教学活动激发了灵感，产生了研究设计一项新颖别致的，适宜在城乡学校普遍开展，适合广大青少年身心特点的球类运动的想法。

经过将近一年的实验、比较和修正，1998年1月，三门球运动框架体系正式诞生，随后顺利通过省、市级鉴定，其器材也获得了国家的专利授权。

发展

三门球运动诞生之后，很快在全国各地传播开来。随着技术的提高，规则的日臻完善，三门球运动逐步走上了规范化的道路，并成为全民健身运动的有机组成部分。

传播

1998年，三门球运动在江苏省南通地区迅速推广，中国教育电视台、江苏电视台、《体育教学》杂志等新闻媒体均对三门球运动进行了专题报道，该项运动迅速为广大青少年学生所接受。与此同时，在省、市教育行政部门的支持下，三门球运动作为一项在地方新兴的特色运动,在体育教学、课外活动和训练等方面得到了全面的应用。

1999年4月,《三门球运动游戏教程》由人民体育出版社正式出版。随后,这一适合广大学校和青少年的球类运动在全国各地得到了广泛的宣传与推广。

1999年10月,由教育部、国家体育总局、卫生部、团中央共同联手,在无锡召开的全国学校体育卫生经验交流会上,三门球运动作为学校体育改革的重要成果之一,得到了来自全国各个省、市自治区的领导和专家的一致肯定。此后,三门球运动的推广普及工作更加迅速地开展起来。

2000年7月,三门球运动正式列入江苏省新大纲和新教材,并于9月1日起在全省中、小学全面施行。

2000年12月,由江苏省中学生体育协会主办的"江苏省首届中学生三门球比赛"在三门球运动的发源地江苏省海安县举行。

2001年1月16日,江苏电视台策划了专题节目,再次向广大观众推介三门球运动,为该项运动的发展起到了推波助澜的作用。

2004年3月,21世纪中国学校体育发展研究中心和江苏省三门球运动协会,联合举办了全国首届三门球教练员培训班,全面系统地讲授了三门球运动的理论、教学、训练方法和基本技战术,进一步促进了三门球运动在全国各地的蓬勃发展。

发展趋势

为更广泛地开展群众性体育活动,增强人民体质,推动我国社会主义现代化建设事业的发展,1995年6月,国务院提出了《全民健身计划纲要》,号召全社会广泛开展全民健身运动。目前,全民健身运动在全国范围内蓬勃发展,具有中国特色的全民健身体系的框架已经初步形成。全民健身运动的开展,有利于提高人们的生活质量,丰富人们的业余文化生活,促进社会进步,有利于加强社会主义精神文明和物质文明建设,提高我国的综合国力,振奋民族精神。

三门球运动的规则简单,趣味性强,具有鲜明的健身性、益智性和

较强的观赏性,是老少皆宜的体育运动项目,因此深受大众喜爱。现在,它已经发展成为全民健身计划的重要组成部分。

第二节

场地、器材和装备

三门球运动的场面激烈,极具竞技性和观赏性,对场地、器材和装备都有较高的要求。高质量的场地是三门球运动开展的前提条件,而良好的器材和装备则是练习者发挥较高水平的必要保证。

 场地

场地是三门球比赛条件的一个重要组成部分,三门球场地一改其他运动项目的方形场地,采用了圆形场地的形式。

 规格　　见图 1-2-1

(1)场地为圆形,地面平整,可覆盖草皮;

(2)场地周边安装 3 个球门,3 个球门间的距离必须相等;

(3)场地的半径为 15 米,儿童使用的球场,最小半径为 12 米,场地的丈量从界线的内沿量起;

(4)场地中央设有中区,它是由 1 个半径为 5 米的圆构成,该圆的圆心与球场的圆心重合;

(5)每个球门前设一个禁区,禁区的画法是以球门底线中点为圆心,以 3 米为半径画弧与球场界线相交,禁区从界线外沿开始丈量;

(6)球场画线均宽 5 厘米;

(7)球场内和球场界线外 1 米内无任何障碍物。

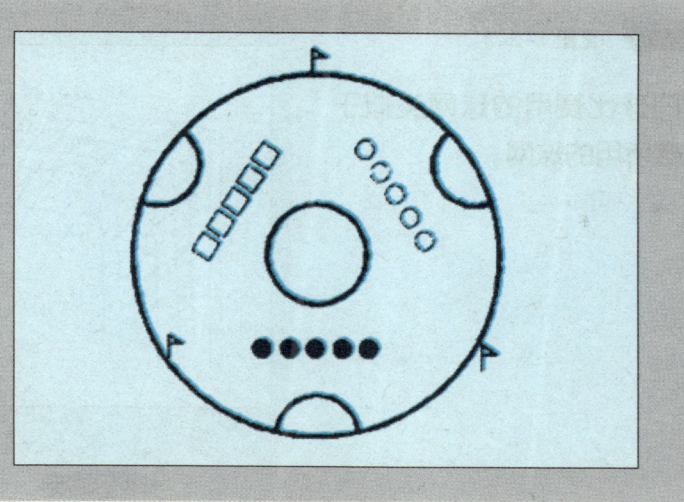

图 1-2-1

 设施

 球门　见图 1-2-2

（1）球门用木头、轻金属或合成材料制成；

（2）球门为高 1.6 米，宽 2 米的长方形，门柱横断面为 8 厘米×8 厘米的正方形；

（3）球门漆为黑白相间色，并在每个球门横梁正中安装一块长 50 厘米，宽 8 厘米，颜色分别为红、绿和黄色的标志牌，用于记分。

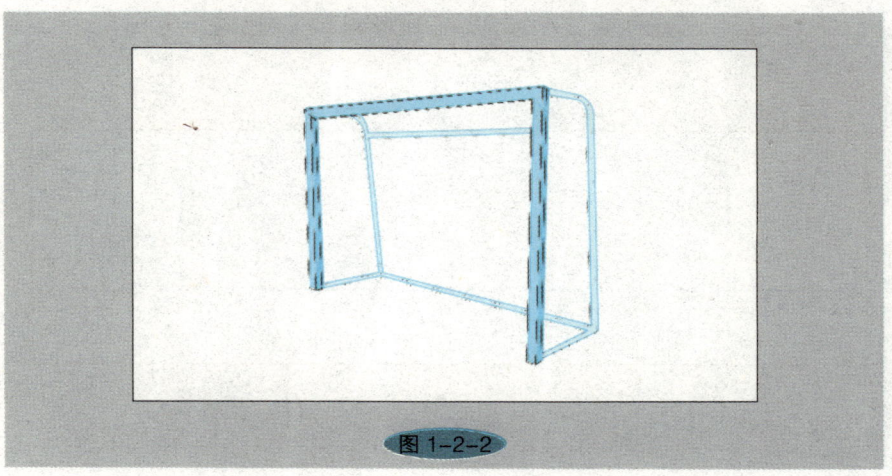

图 1-2-2

球门 见图 1-2-3

三门球比赛用的球网类似于手球比赛所用的球网。

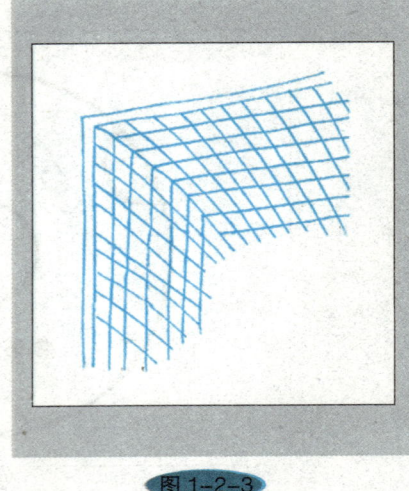

图 1-2-3

分界旗、巡边旗 见图 1-2-4

（1）在每两个球门之间界线的中点外，且距界线 1 米处设一面高为 1.6 米的分界旗；

（2）分界旗为等腰三角形，底边长 0.6 米，高 0.3 米；

（3）红、绿两球门间的分界旗为红色和绿色，绿、黄两球门间的分界旗为绿色和黄色，黄、红两球门间的分界旗为黄色和红色；

（4）巡边旗为长方形，长 0.4 米，宽 0.35 米，旗杆高为 0.6 米；

（5）巡边旗由红、绿、黄 3 色组合而成，用布料或绸料制成。

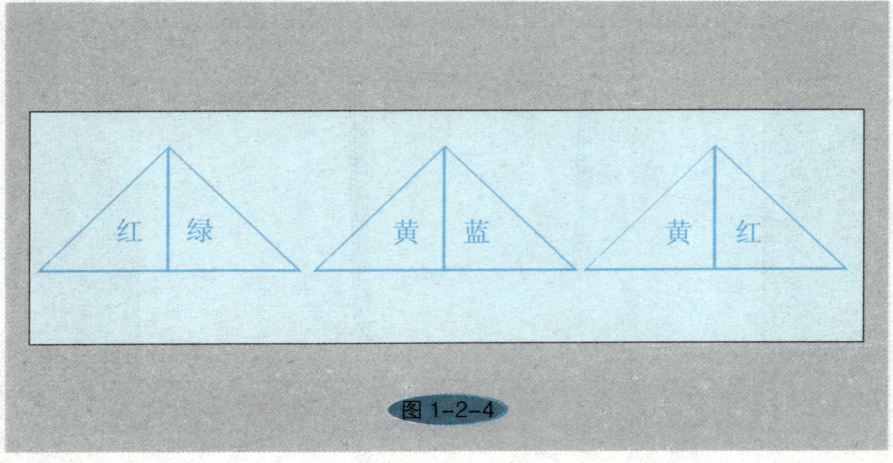

红 绿　　黄 蓝　　黄 红

图 1-2-4

 球队成员席

各队球队成员席是在本方球门左侧分界旗向右 10 米，距球场界线 1 米的范围内，可以无限向后延伸，球队成员不得坐到球队席以外的区域。

 器材 ◆◆◆◆◆◆◆◆◆◆◆

进行三门球运动的必备器材是三门球，良好的器材是三门球运动开展的重要保证，在一定程度上可以决定比赛的胜负。

规格 见图 1-2-5

（1）三门球球为正三棱体，顶部是弧形，且不要充气太足；

（2）三门球棱长 0.16 米（儿童用球棱长 0.08 米），重量不少于 0.25 千克，不多于 0.3 千克（儿童用球不少于 0.2 千克，不多于 0.25 千克）。

图 1-2-5

（1）三门球必须以皮革或合成材料制成；

（2）球皮手感要柔软平整，用高质量的整块皮革缝合而成，要抗拉，接缝平整无缺陷，不伤手、不磨损、不爆裂。

在进行三门球运动时，舒适合体的装备对练习者不但有安全保护作用，还有助于技战术水平的充分发挥。

服装 见图1-2-6

运动服简单舒适即可，短袖运动衫或短裤质地要柔软，有弹性，尽量显得宽松大方，不要紧身。

图1-2-6

鞋 见图1-2-7

鞋一般应为软胶底，有助于蹬地和发力，而且防滑。

图 1-2-7

第二章 运动保健

　　体育运动对增强体质、预防疾病和促进健康具有良好的作用。但是,并非所有人从事相同的运动都会达到同样的效果。对于同一种运动负荷,不同人机体的反应差异是很大的,即使同一个体,在不同时期、不同机能状态下,对同一负荷的反应及效果也是不一样的。因此,对于不同个体,应制定适合其机能需要的运动强度、时间、频率和持续周期。从事体育锻炼一定要讲究科学性,使机体最大限度地获得运动价值,使某些疾病得到有效的防治。

第一节

自我身体评价

　　自我身体评价是指根据个体的不同情况以及简单的功能评定标准，对锻炼者进行身体评价，并以此为依据，确定具体的锻炼内容。

适宜人群

　　体适能是全身适应性的一部分，是人体精神和体力对现代生活的适应能力。为了促进健康，预防疾病，提高生活质量和工作学习效率，几乎所有人都可以追求健康体适能，而且经过简单的评价和测试，均可以成为目标人群，即适宜人群。

健康体适能评价标准

　　健康体适能是指身体有足够的活力和精力处理日常事务，而不会感到过度疲劳，并且还有足够的精力去享受休闲活动和应对突发事件。

　　健康体适能是确定锻炼者是否为运动适宜人群的主要依据。目前的评价标准主要包括国民体质测定标准、学生体质测定标准和普通人群体育锻炼标准等。

　　国民体质测定标准主要包括形态指标、机能指标和素质指标3个部分，各项指标的测定结果均为 1～5 分，共 5 个级别。凡各项指标达不到 4 分或 5 分者，均应被纳入健身人群。

　　学生体质测定标准分为优秀、良好、及格和不及格 4 个级别。优秀水平以下者，均应被纳入健身人群。

　　普通人群体育锻炼标准分为 5 个级别，凡达不到 4 分或 5 分者，均应被纳入健身人群。

简易运动功能评定

简易运动功能评定的目的在于确定锻炼者有无运动禁忌症或临时运动禁忌的情况，即是否适合参加体育锻炼，以达到防备万一、避免意外事故发生的目的。目前通行的方式为 3 分钟踏台阶测试。

目的

测试锻炼者运动后心率恢复的情况，以评估其心肺功能。

器材 见图 2-1-1

30 厘米高的长凳、节拍器、秒表和时钟。

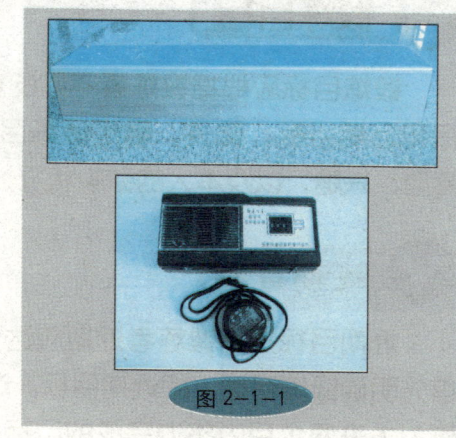

图 2-1-1

步骤 见表 2-1-1

（1）节拍器设定为每分钟 96 次，锻炼者依"上上下下"的节拍运动 3 分钟。

（2）锻炼者完成 3 分钟踏台阶后，5 秒钟内开始测量其脉搏，时间为 1 分钟，记录其心率，并依据下表评价其功能水平。

（3）运动后心率越低，证明其心肺功能越好。在运动强度允许的范围内，锻炼者可选择运动强度的较高值来进行运动。

 表 2-1-1 3 分钟踏台阶测试评价表

	年龄（岁）	欠佳（次）	尚可（次）	一般（次）	良好（次）	优异（次）
男士	18~25	>115	105~114	98~104	89~97	<88
	26~35	>117	107~116	98~106	89~97	<88
	36~45	>119	112~118	103~111	95~102	<94
	46~55	>122	116~121	104~115	97~103	<96
	56~65	>119	112~118	102~111	98~101	<97
	65+	>120	114~119	103~113	96~102	<95
女士	18~25	>125	117~124	107~116	98~106	<97
	26~35	>128	119~127	111~118	98~110	<97
	36~45	>128	118~127	110~117	102~109	<101
	46~55	>127	121~126	114~120	103~113	<102
	56~65	>128	118~127	112~117	104~111	<103
	65+	>128	122~127	115~121	101~114	<100

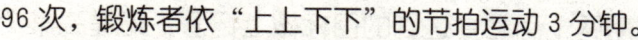

自我身体评价

注意事项

如锻炼者经过努力仍无法达标，或出现头晕、胸闷、出冷汗等症状，应立即终止测试。运动中应特别考虑运动强度，以防止出现意外。

锻炼目标

锻炼目标应根据锻炼者不同的身体状况来确定，可分为近期目标和远期目标。此外，确定锻炼目标还应结合锻炼者的运动意向、愿望、兴趣，以及本人的健康状况、疾病程度等因素来进行。

近期目标

近期目标是指锻炼者近期应达到的目标。在进行运动之前，应首先明确锻炼目标，即近期目标。选择一两个健康体适能构成要素，作为未来两个月内努力完成的目标，而且应从成功概率较高的构成要素开始，并将预期两个月后要达到的目标做上记号，如提高某个或某些关节的活动幅度，增强某个肌肉群的力量等。

远期目标

远期目标是指锻炼者最终要达到的目标。实践证明，经过科学合理的锻炼后，锻炼者是可以达到一般的远期目标的，如提高心肺功能，使其达到优秀的等级，或达到降血脂、防治高血压和冠心病的目的等。

运动负荷

运动负荷即运动量。怎样控制运动量，合适的运动时间是多少等，一直是人们争论不休的问题。但有一点是可以肯定的，那就是任何有关身体活动的意见和建议，都需要综合考虑锻炼者的身体状况和所要达到的目标，并以此为依据来制订科学的身体锻炼计划。

运动强度

在运动过程中，运动强度过小，则无法达到锻炼的效果；运动强度过大，不仅达不到最佳的锻炼效果，还可能产生一些副作用，甚至出现意外事故。确定运动强度有两种方法，即心率简易推测法和主观感觉疲劳分级表推测法。

✾ 心率简易推测法

（1）年龄在 20 岁左右的年轻人，身体健康，能坚持体育锻炼，欲进一步提高身体机能，可取最大心率值（最大心率值＝220－年龄）的 65%～85%。

（2）年龄在 45 岁以下，身体基本健康，有运动习惯者，开始进行健身锻炼，可取最大心率值的 65%～80%，没有运动习惯者，开始进行健身锻炼，可取最大心率值的 60%～75%。

（3）年龄在 45 岁以上，身体基本健康，有运动习惯者，开始进行健身锻炼，可取最大心率值的 60%～75%，没有运动习惯者，建议根据自身情况咨询专业人员来指导和确定运动强度。

✾ 主观感觉疲劳分级表推测法　见表2-1-2

运动的疲劳程度大致分为 10 级,具体为:0～1 级,没感觉;2～3 级,尚轻松;4～5 级,稍累;6～7 级,累;8～9 级,很累;10 级,精疲力竭。因此,健身锻炼的运动强度应控制在主观感觉疲劳程度的 4～7 级。

表 2-1-2　主观感觉疲劳分级表

0 没感觉	·	2 尚轻松	·	4 稍累	·	6 累	·	8 很累	·	10 精疲力竭

 运动频率

运动频率是指每日及每周锻炼的次数。一般每周锻炼 3～4 次，即隔日锻炼 1 次即可。有充足的休息时间，可使机体得到充分的休息，收到更好的锻炼效果。

 运动持续时间

运动强度和运动持续时间，决定了一次锻炼的运动量和热量消耗。运动持续时间与运动强度成反比，运动强度大，运动持续时间可相应缩短，运动强度小，则运动持续时间应相应延长。

一般的健身锻炼，运动持续时间以每天 20～60 分钟为宜，其中包括准备活动时间、健身锻炼时间和整理活动时间。每次健身锻炼应在 20 分钟以上，锻炼可一次性完成，也可分段进行，但每段的活动时间应在 10 分钟以上。

第二节

运动价值

运动价值是人们一直在探讨的问题。一般认为，运动具有两方面的价值，即健身价值和心理价值。身体和精神的健康是相互依存的，伴随着身体功能的改善，精神状况也能同时得到改善。

 健身价值 ◆◆◆◆◆◆◆◆◆

健身价值在于提高体适能。体适能包括心肺耐力素质、肌肉力量素质、柔韧性素质和身体成分等。体适能的发展是积极从事锻炼的结果，只有规律性的体育锻炼才能达到最佳的体适能。

提高心肺耐力素质

心肺耐力是指全身肌肉进行长时间运动的持久能力，是体内心肺系统对身体各细胞的供氧能力。人体的心脏、肺、血管、血液等组织的功能是心肺耐力的基础，它们与氧气和营养物质的输送以及代谢物的清除有关。健全的心肺功能是健康的基本保证。

系统的体育锻炼，可以使心肌增厚，收缩力加强，心室容积增大，从而使心脏的泵血功能增强，表现为心血输出量增加。

系统的体育锻炼，呼吸系统机能也将得到提高，表现为呼吸肌的力量增强，肺活量、肺通气量明显增加，保证对机体供氧的能力。

系统的体育锻炼，可以促进血管系统的形态、机能和调节能力产生良好的适应力，从而提高机体的工作能力。

系统的体育锻炼，可以使血液系统产生某些适应性变化，如血容量增加、血黏度下降、红细胞膜弹性增强和红细胞变形能力增强等。

提高肌肉力量素质

肌肉力量是指肌肉最大收缩产生的对抗阻力或负荷的能力。肌肉力量只有达到一定的程度，才能克服外界阻力，而克服外界阻力是维持日常生活自理、从事各种劳动和运动的必要前提。

系统的体育锻炼，可以提高肌肉的生理横断面积，可以改善神经系统对肌肉收缩的支配功能，还可以提高肌肉内代谢物质的储备量，使肌肉力量得到提高。

提高柔韧性素质

柔韧性是指人体各关节的活动幅度，即关节的肌肉、肌腱和韧带等软组织的伸展能力。柔韧性对于保证正常生活质量、维持正常体态、预防损伤发生和减轻损伤程度等方面均起到至关重要的作用。

系统的体育锻炼，还可以延缓因年龄因素而导致的柔韧性下降，预防因缺乏运动而导致的关节结构、周围软组织和膝关节肌肉退化，从而使锻炼者的日常生活、劳动和运动等更加充满活力。

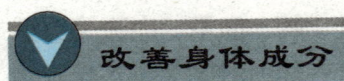

身体成分是指人体体重中的脂肪组织和去脂组织的重量百分比。身体成分中的脂肪成分增加，肌肉成分必然下降。身体中不具备收缩功能的脂肪组织增加，必然导致身体进行各种活动的能力下降，基础代谢水平降低，肥胖症、冠心病、高血压、糖尿病、高血脂等慢性疾病发病率的提高。因此，身体成分是保证人体健康的重要内容之一。

通过系统的体育锻炼，随着锻炼者体质的增强，热量消耗便随之增加，进而燃烧掉体内多余的脂肪，使身体成分得到改善。而身体成分的改善，又可以减少体重对关节可能带来的不利影响，还可以使肥胖者的心理状况得到改善，增强其自信心，使其逐步建立起健康的生活方式。

研究证明，有规律的体育锻炼不但可以使锻炼者增强体质、促进身体健康、预防一些慢性疾病，还可以提高锻炼者的生活满意度和生活质量，对其心理健康产生积极影响。

体育锻炼的心理健康效应主要表现在六个方面：

❄ **短期效应**

研究发现，体育锻炼对人的情绪状态具有显著的短期效应。运动后人们的焦虑、抑郁、紧张和心理紊乱等症状会明显减轻，而精力和愉快程度则明显增强。而且这种情绪的迅速变化，与锻炼者个体的健康状况、活动形式和活动强度等有着直接的联系。

 长期效应

体育锻炼对人情绪的长期效应有着直接的影响，与不锻炼者相比，有规律的锻炼者在较长时期内很少会产生焦虑、抑郁、紧张和心理紊乱等情绪。

完善个性行为特征　见表 2-2-1

人们的行为特征一般可以分为两种类型，用 A 型行为特征和 B 型行为特征来表示。A 型行为特征主要表现为性情急躁、争强好胜、容易激动、整天忙碌和做事效率高等。B 型行为特征主要表现为不好竞争、不易紧张、不赶时间、对人随和、喜欢自由自在等。具有 A 型行为特征的人由于过度紧张的情绪反应，会引起内分泌失调，增加心脏病发病的概率。目前的一些研究主要集中在体育锻炼对改变 A 型行为特征的作用方面。研究结果表明，有规律的体育锻炼能明显改变 A 型行为特征。

表 2-2-1　A、B 型个性行为特征常见表现

A 型行为特征者常见表现	B 型行为特征者常见表现
约会从来不迟到	对约会很随便
竞争意识很强	竞争意识不强
别人要讲话时总爱抢先或插话	是别人讲话时很好的听众
总是匆匆忙忙	即使有压力也从不匆忙
等待时缺乏耐心	能够耐心等待
干事时全力以赴	处事漫不经心
同时想干很多事	在一段时间里只干一件事情
讲话喜欢用加强语气,甚至敲桌子	讲话语速缓慢、不慌不忙
做了好事希望能得到别人的认可	只要自己满意即可,不管别人怎样想
吃饭、走路都很快	做事情很慢
不善与人相处	为人随和
容易暴露自己的感情	能控制自己的感情
具有广泛的兴趣	没什么业余爱好
雄心壮志	满足于目前的工作和学习状况

确立良好自我概念

自我概念是指个体对自己身体、思想和情感的主观整体评价，它由许多自我认识组成，包括我是什么人、我主张什么和我喜欢什么等。

坚持体育锻炼，可以使锻炼者体格强健、精力充沛、提高驾驭身体的能力，从而改善对自身的满意程度，确立良好的自我概念。

改变睡眠模式

根据脑电图的显示，人的睡眠可以分为两种状态，即慢波睡眠状态和快波睡眠状态。前者为浅度睡眠状态，后者为深度睡眠状态。一夜之间两种睡眠状态会交替发生 4～5 次。

有规律的体育锻炼不仅对慢波睡眠有促进作用，而且能缩短入眠的潜伏期，并延长睡眠的时间。

改善认知能力

体育锻炼还能改善人的认知过程，避免反应时间过长、注意力不集中和思维混乱等症状的发生，尤其对老年人的认知能力改善效果更为明显。

增加心理治疗效应

体育锻炼被公认为是一种心理治疗的好方法。目前人群中常见的心理疾患是抑郁症和焦虑症。研究发现，体育锻炼是治疗抑郁症的有效手段之一，抑郁症患者经过有规律的体育锻炼，抑郁症状能明显减轻。

体育锻炼还具有治疗焦虑症的作用，通过有规律的体育锻炼，可以使锻炼者的焦虑症状明显改善。

第三节
运动保护

　　在运动过程中，人体机能会随时发生变化。因此，应针对这种机能变化的特点来进行体育锻炼，也就是我们所说的运动保护。运动保护一般包括运动前准备、运动后放松和自我养护三个方面。

 运动前准备 ◆◆◆◆◆◆◆◆◆

　　准备活动是指在正式运动之前进行的有目的的身体练习。做好充分的准备活动，可以缩短机体进入最佳状态的时间，同时还可以预防运动损伤的发生，为机体发挥最大的工作效率做好功能上的准备。

▼ 准备活动的作用

❀ 提高中枢神经系统兴奋状态

　　(1)使大脑反应速度加快，参加活动的运动中枢神经相互协调。

　　(2)为正式运动时生理机能达到适宜程度提前做好准备。

❀ 提高机体代谢水平

　　(1)准备活动可以使锻炼者体温升高，降低肌肉黏滞性，使肌肉的伸展性、柔韧性和弹性增强，从而有效预防运动损伤的发生。

　　(2)准备活动可以增强体内代谢酶的活性，使物质代谢水平提高，以保证运动时有较充分的能量供应。

❀ 克服内脏器官生理惰性

　　(1)准备活动可以提高心血管系统和呼吸系统的机能水平，使肺通气量及心血输出量增加。

　　(2)可以使心肌和骨骼肌的毛细血管扩张，使其工作肌获得更多的氧，从而克服内脏器官的生理惰性，使之尽快达到最佳状态。

增加皮肤毛细血管血流量

准备活动可以使皮肤毛细血管的血流量增加，运动后毛细血管扩张，有利于散热，降低体温，有效防止开始正式活动时由于体温过高而影响运动能力。

准备活动要求

准备活动时间

（1）准备活动的时间可以根据运动项目的具体情况确定，一般以10～30分钟为宜。

（2）准备活动与正式运动的间隔时间，一般以不超过15分钟为宜，可以在做完准备活动后立刻进行正式运动。

准备活动强度

（1）准备活动的强度和量应较正式运动小，以免引起不必要的疲劳。

（2）准备活动的量可以由心率来决定，心率以100～120次／分为宜。

准备活动内容

一般性准备活动

一般性准备活动的内容多以伸展运动开始，然后进行一般性的跑步、徒手体操等活动。

下面介绍一套常用的一般性准备活动操，供锻炼者运动前使用。这套活动操主要包括头部运动、肩部运动、扩胸运动、体侧运动、体转运动、髋部运动和踢腿运动等。

图2-3-1

头部运动

头部运动的动作方法(见图2-3-1):两手叉腰,两脚左右开立,做头部向前、向后、向左、向右,以及绕环运动。

肩部运动

肩部运动的动作方法(见图2-3-2):手扶肩部,屈臂向前、向后绕环,以及直臂绕环。

扩胸运动

扩胸运动的动作方法(见图2-3-3):屈臂向后振动及直臂向后振动。

体侧运动

体侧运动的动作方法(见图2-3-4):两脚左右开立,一手叉腰,另一臂上举,并随上体向对侧振动。

体转运动

体转运动的动作方法(见图2-3-5):两脚左右开立,两臂体前屈,身体向左、向右有节奏地扭转。

髋部运动

髋部运动的动作方法(见图2-3-6):两脚左右开立,两手叉腰,髋关节放松,向左、向右360度旋转。

图2-3-2

图2-3-3

踢腿运动

　　踢腿运动的动作方法（见图 2-3-7）：两臂上举后振，同时一腿向后半步，重心置于前腿，两臂下摆后振，同时向前上方踢腿。

图 2-3-4

图 2-3-5

图 2-3-6

图 2-3-7

专门性准备活动

专门性准备活动的动作方法、节奏和强度等与正式锻炼相似，目的是使人体主要肌群在运动前得到动员，为正式锻炼做好准备。

 运动后放松

运动后放松是指运动之后所进行的一些能够加速机体功能恢复的、较轻松的身体活动。与运动前准备活动相反，其目的是使锻炼者的生理机能水平逐步得到恢复。

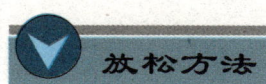 放松方法

运动性手段

（1）运动结束后，锻炼者可采用变换运动部位的方法来消除疲劳，如上肢出现疲劳时可做一些慢跑运动，下肢出现疲劳时可做一些上肢运动。

（2）转换运动类型也是一种不错的放松方法，如打羽毛球出现疲劳时，可从事瑜伽运动来达到放松的目的。

（3）还可以用调整运动强度的方法来缓解疲劳，如可以在放松过程中，采用小强度的轻微运动方法等。

整理活动　见图 2-3-8

（1）整理活动是指运动后所做的一些能够加速机体功能恢复的身体活动，如剧烈运动后进行 3～5 分钟慢跑或其他整理活动，使身体机能得以恢复。

（2）剧烈运动后如不做整理活动而骤然停止动作，会影响氧气的补充和静脉血的回流，使机体血压降低，引起不良反应。

图 2-3-8

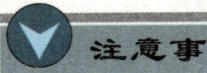 注意事项

（1）在进行整理活动时动作应缓慢、放松，运动量不要过大，否则会引起新的疲劳。

（2）在进行整理活动时，应当保持心情舒畅、精神愉快。

 自我养护

锻炼后，锻炼者感觉身体疲劳是一种正常的生理现象，是体育锻炼过程中的正常反应，随着体育锻炼时间的延长，疲劳症状会自然消失。运动性疲劳出现后，锻炼者如果采用一些自我养护措施，可以加速身体机能的恢复，尽快消除疲劳，提高锻炼效果。常见的自我养护方法主要包括运动后休息、合理营养和物理手段等三种。

▼ 运动后休息

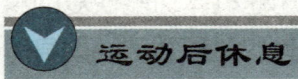 静止性休息　见图 2-3-9

（1）静止性休息是指锻炼者运动后保持机体相对的静止状态，以促进身体机能的恢复，尽快消除疲劳。

（2）静止性休息的最佳方式之一是睡眠，特别是刚开始从事锻炼

者，身体不适应或疲劳症状明显时，更应该保证足够的睡眠，否则，锻炼者虽然积极参加了体育锻炼，但收效甚微，甚至会导致过度疲劳症状的发生。

（3）静止性休息更适合于消除全身运动导致的整体疲劳症状。

图 2-3-9

积极性休息 见图 2-3-10

（1）积极性休息更适合由于少量肌肉群参与工作而导致的局部疲劳，或运动强度较大而导致的快速疲劳。

（2）积极性休息可以加速血液循环，有利于代谢物排出体外，对促进身体机能的恢复具有明显的效果。

图 2-3-10

合理营养 见图2-3-11

图2-3-11

小强度、长时间的运动形式，主要是靠糖原的有氧代谢提供能量。运动后应及时补充淀粉类食物，如面粉、大米等，以促进消耗糖原的合成。随着人民生活水平的提高，在饮食结构中，肉类食品的比重不断增加，而淀粉类食品的比重逐渐减少，这一现象应当引起人们的注意，特别是老年人参加体育锻炼，更应注意对淀粉类食物的补充。

强度较大、时间又相对较长的运动形式，主要是靠糖原的无氧代谢提供能量。这样，糖原无氧代谢产物——乳酸便会在体内大量堆积。因此，运动后应多补充蔬菜、水果等碱性食品，以加速乳酸的清除，达到尽快消除疲劳的目的。

物理手段

按摩及牵拉 见图2-3-12

（1）通过刺激神经末梢、皮肤结缔组织和毛细血管的按摩方法，可以使紧张的肌肉得以放松，从而改善局部组织和全身的血液循环，达到促进身体机能恢复的目的，这种方法可以在锻炼后马上进行。

（2）此外，还可以采取缓慢牵拉肌肉的方法，使收缩的肌肉得到充分的伸展放松。

水疗及电疗

（1）水疗包括芬兰式蒸汽浴、热水浴和桑拿浴等多种形式，主要作用是通过提高体温，促进血液循环，清除代谢物，以达到尽快消除疲劳、恢复体力的目的。

（2）水疗的时间一般以不超过30分钟为宜，如果时间过长，会进一步消耗体力，严重时甚至会出现暂时性脑缺血现象。

（3）如果条件允许，还可对疲劳的肌肉进行低频治疗。低频治疗仪的原理是模拟针灸疗法，使用时将电极用不干胶对称地粘贴在运动部位表皮上。这种疗法可以促进局部血液循环，改善组织代谢，缓解肌肉酸痛，消除疲劳。

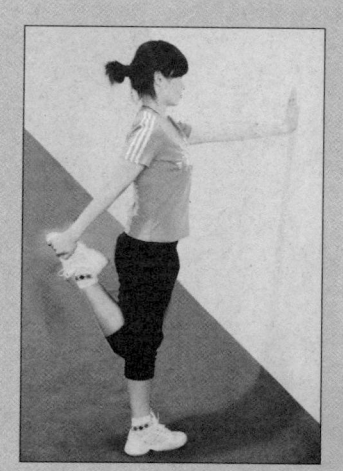

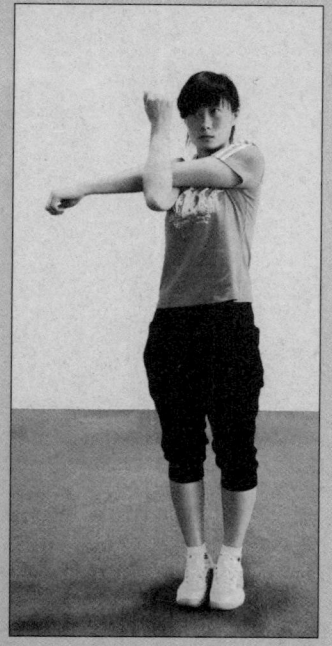

图 2-3-12

第三章 基本技术

　　三门球基本技术是指,在比赛过程中,根据战术要求完成的技术动作,它是三门球运动的基础。个人熟练地掌握基本技术,可以使全队队员战术配合有效地进行。三门球基本技术包括站立与移动技术、持球与传接球技术、运球技术、掷界外球技术、守门技术、射门技术、个人防守技术、假动作技术和突破技术等。

第一节

站立与移动技术

站立与移动技术是指，在比赛对抗过程中，队员为达到战术目的，选择与抢占有利位置，争取时间和空间，而采用的与各种进攻、防守技术相结合的脚步动作方法的总称。

 站立

站立是指三门球运动中队员在持球或徒手时的基本姿势。站立作为三门球的一项基本技能，是为了很好的起动，从而更好地选择合适的位置进行进攻。因此三门球比赛中，为突然起动、转身和改变身体重心做好准备，队员必须保持稳定、机动的站立姿势。站立技术包括单手持球站立、双手持球站立、徒手站立（锋位）和徒手站立（后卫）等。

▼ 单手持球站立

✽ 动作方法 见图 3-1-1

（1）五指自然分开，依靠手指和手腕的力量拿住球；

（2）两脚开立，与肩同宽，两膝略弯曲，重心在前脚掌；

（3）抬头，两臂屈肘置于体侧。

✽ 技术要点

（1）持球站立时全身放松，以便能够灵活高效地进行判断，及时作出下一个动作；

（2）身体重心应略低，便于进

图 3-1-1

攻时迅速起动；

（3）持球手用力适当，避免用力过大（不能灵活传球）或者过小（有可能在行进过程中出现掉球的失误）。

 错误纠正

单手持球站立时易出现重心过高，不能灵活传球，或在传球过程中出现掉球等问题。因此，应保持较低的身体重心，同时持球手用力要适当。

▼ 双手持球站立

动作方法 见图 3-1-2

（1）两手持球于胸腹之间，五指自然分开握球的两侧，手指和手掌的前沿触球；

（2）两脚开立，一脚略前，与肩同宽，两膝略弯曲，重心在前脚掌；

（3）抬头，两臂屈肘置于体侧。

技术要点

（1）持球站立时全身放松，以便能够灵活高效地进行判断，及时作出下一个动作；

（2）身体重心应略低，便于进攻时迅速起动，同时两手掌配合将球拿牢。

错误纠正

双手持球站立时因两手握球，易出现转身时身体迟缓、移动和传球时动作不灵活等问题。因此，应全身放松，使身体处于最佳状态。

图 3-1-2

 徒手站立(锋位)

动作方法 见图3-1-3

（1）两脚开立，与肩同宽，两膝略弯曲，重心在前脚掌；

（2）抬头，两臂屈肘置于体侧。

技术要点

（1）站立时全身放松，以便能够灵活高效地进行判断，及时作出下一个动作；

（2）身体重心应略低，便于进攻时迅速起动。

错误纠正

徒手站立（锋位）时易出现身体重心过高，造成进攻时移动迟缓等问题。因此，应保持较低的身体重心，以便在接取队友传球和组织进攻时迅速起动，避免错失良好的进攻机会。

 徒手站立(后卫)

动作方法 见图3-1-4

（1）两脚平行或前后站立，两腿弯曲，重心在两腿之间，上体略前倾，两臂自然下垂，前臂伸向体侧或略向前；

（2）当进攻者在防守者前有射门倾向时，两脚平行开立，两腿略

图3-1-3

图3-1-4

屈,重心在两脚之间,上体抬起,两臂向上举起;

(3)防守者的下一步行动要果断,注意识别对手的假动作,同时要有连续起跳和接转下一个动作的准备。

技术要点

(1)持球站立时,全身放松并精力集中,以便准确地判断对手持球前锋的进攻意图,及时将球断下;

(2)重心应当置于较低位置,方便自身的快速起动。

错误纠正

徒手站立(后卫)时易出现重心过高,造成防守时起动迟缓等问题。因此,应保持较低的身体重心,以便在准确地判断对手持球前锋的进攻意图后,及时将球断下,避免因自己的防守失误,而给对手造成进攻机会。

移动是改变位置、方向和速度的方法,它与掌握和运用各种进攻和防守技术都有密切关系:在进攻中移动的目的是为了摆脱防守,去完成接球、传球、射门和突破等技术;在防守中移动的目的是为了保持或抢占有利位置,并能及时地去封、抢、断球等。可见移动技术是三门球全部技术的核心和基础。移动主要通过跑、跳、急停、转身、滑步等各种脚步动作构成对身体重心的移动与控制。在移动过程中,做急停、转身或变向跑等动作时,要强调降低身体的重心,保持平稳,不上下起伏,才能保证脚步动作的突然和快速。移动技术包括快速跑、变速、变向跑、急停、转身、单脚起跳和双脚起跳等。

动作方法　见图3-1-5

上体略前倾,两臂弯曲自然摆动,两手随时准备抱拉对手和接球。

技术要点

重心不宜太高。

错误纠正

快速跑时易因爆发力较大，而出现跑动过程中直线性差等问题。因此，在快速跑的过程中，应自然摆臂，带动身体跑动，以确保抱拉对手和传接球的准确性。

图 3-1-5

变速、变向跑

动作方法　见图 3-1-6

(1)加速跑时上体应迅速前倾，重心前移，后脚用力蹬地；

(2)减速跑时上体应快速抬起，重心略下降，前跨步幅略大；

(3)欲变向跑时，迈出的最后一步要屈膝支撑，脚尖略向内转，重心下降,接着迈出的一脚迅速用前脚掌内侧蹬地,同时顺势转体继续前进。

技术要点

掌握好身体重心的平稳转移。

错误纠正

变速、变向跑时易出现身体平衡掌握不好,造成身体重心不稳和身体晃动等问题。因此,应注意身体重心的平稳转移,掌握好身体的平衡。

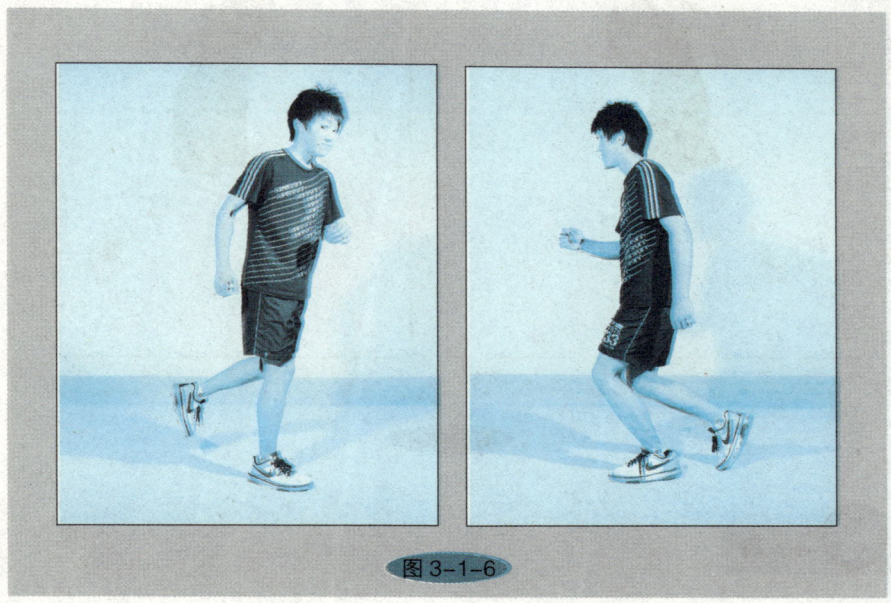

图 3-1-6

 急停

动作方法 见图 3-1-7

向前跨出或跳出一大步(可单脚前后落地,也可两脚同时落地),同时上体略前倾,重心下降略偏后,并落在两脚之间。

技术要点

移动中应注意惯性在高速跑动中造成的急停位置偏差,灵活地做好动作的过渡。

错误纠正

　　急停过程中易出现由于惯性所造成的定位不准确等问题。因此，应注意克服高速跑动在急停瞬间因惯性带来的位置偏差，平稳地做好动、静之间的过渡。

图 3-1-7

动作方法　见图 3-1-8

　　（1）转身前两膝略屈，上体略前倾，重心落在两脚之间；

　　（2）转身时重心先移到轴心脚，轴心脚脚跟提起，移动脚用前脚掌内侧蹬地，上体顺势转动，完成前后转身。

　　（3）移动脚经轴心脚向前跨出并转体为前转身，反之即为后转身。

技术要点

　　在跑动过程中，转身时应注意重心的移动，利用重心的移动更好地配合转身的顺利完成。

错误纠正

　　转身过程中易出现因动作迟缓,而错失队友接球,造成错失进攻机会等问题。因此,在转身时应注意动作的灵活性,积极主动地配合队友完成进攻时的配合。

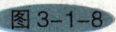
图 3-1-8

 单脚起跳

动作方法 见图 3-1-9

　　(1)起跳时起跳脚屈膝伸直,并过渡到脚掌用力蹬地;
　　(2)摆臂提腰,另一条腿屈膝上摆,借以增加对地面的作用力和保持身体的协调。

技术要点

　　在单脚起跳时,应注意借助摆臂姿势保持自身的协调稳定。

错误纠正

　　单脚起跳时易出现协调性差,空中停滞时间较短等问题。因此,应以两臂的摆动带动身体的上升,保证整个空中动作的完成。

基本技术

图 3-1-9

 双脚起跳

✿ 动作方法　见图 3-1-10

起跳时上体前倾，略蹲，两臂迅速上摆，两腿迅速蹬伸，向上跳起，上体在空中自然伸展。

✿ 技术要点

双脚起跳常在原地起跳中应用，多用于接球和封堵球。练习时应注意自身动作的协调性。

✿ 错误纠正

双脚起跳时易出现手脚配合不好等问题。因此，应注重手脚之间的配合和自身的协调性，进而更加准确地接球和封堵球，破坏对方队员的进攻，组织有效进攻。

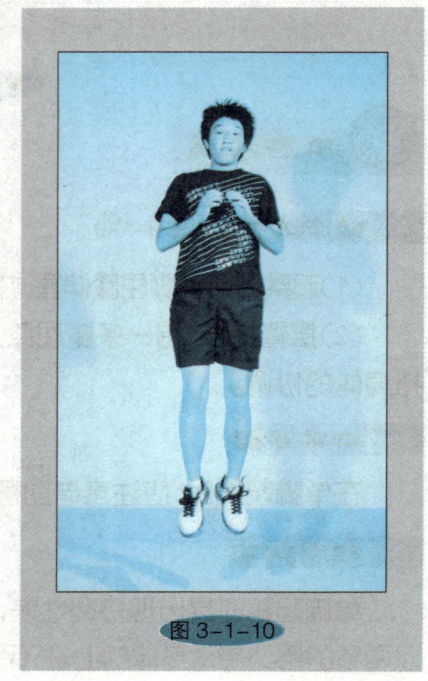

图 3-1-10

第二节

持球与传接球技术

　　三门球运动需要手的动作相当丰富，比赛进攻中的每一次射门机会，都是靠队员间积极配合，准确传接球而取得的。只有掌握熟练、准确的传接球技术，才能组织灵活多变的战术配合，创造更多的射门机会。因此，传接球是组织全队进攻配合的纽带，是实现战术配合的具体手段，是提高战术质量的重要环节。持球与传接球技术包括持球、传球和接球等。

 持球

　　持球是握球技术的关键，只有掌握正确的持球方法，才能拿住球，迅速、准确、有力地将球传射出去。持球技术包括单手持球、双手持球和胸前持球等。

 单手持球

　　五指自然分开，依靠手指和手腕的力量拿住球。

技术要点　见图3-2-1

　　整个手掌要贴紧球体，拇指不要张得过大，否则易造成虎口紧张，手腕僵硬，影响手腕的灵活性。

错误纠正

　　单手持球时易出现因用力不当，而造成持球过紧或过松等问题。因此，应注意持球用力适度，以便在组织进攻时可以准确有效地传球。

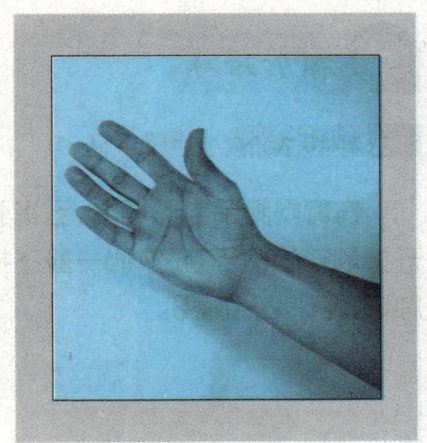

双手持球

动作方法 见图3-2-2

（1）两手持球于胸腹之间，五指自然分开，握球的两侧，两拇指在上呈"八"字形；

（2）两手掌触球，肘关节略外展，两手持球于体前胸腹之间，为传球或射门做好准备。

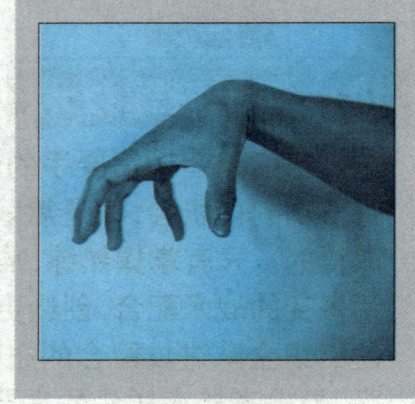

图 3-2-1

技术要点

在双手持球过程中，两手的力度配合应恰到好处，以便在有传球机会时快速有效地将球传出。

错误纠正

双手持球时易出现手臂固定，造成动作不灵活等问题。因此，应注意克服身体的不灵活，两手用力适度地将球置于前胸腹间，为下一步的传球或射门提前做好准备。

胸前持球

动作方法 见图3-2-3

右臂向胸前自然弯曲，五指张开接触球的前下方，掌心一般不接触球，将球贴近胸部。

图 3-2-2

 **技术要点**

胸前持球过程中要注意对方队员,避免将球传丢。

 **错误纠正**

胸前持球在近距离传接球时,易出现掉球等问题。因此,应在注意对方防守队员的动作的同时,准确地将球传给其他队员。

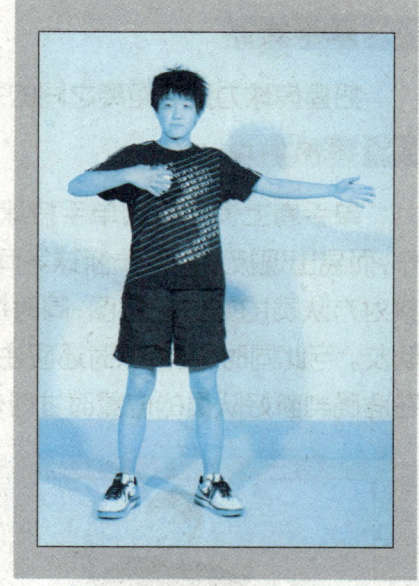

图 3-2-3

 **传球**

传球是指在三门球比赛中,队员之间有目的地转移球。在一定的战术方法中,准确地传球可以迷惑对手,打乱对方的防守安排,创造射门机会。只有掌握多种方式的传球技术,才能适应比赛中的各种战术需要。传球技术包括单手肩上传球、单手体侧传球、单手勾手传球、单手背后传球、双手胸前传球和双手低手传球等。

单手肩上传球

动作方法 见图 3-2-4

(1)两脚开立,距离约与肩宽,身体重心放在右脚上,右手持球在肩上,左肩对着传球方向;

(2)传球时身体向右扭转,左脚向传球方向迈出一步,重心随之前移,利用上体前倾,挥臂,甩腕的力量将球传出,左臂顺势自然摆开。

❀ 技术要点

把握传球力量与距离之间的关系,传球力量要适当。

❀ 错误纠正

单手肩上传球时因单手持球力量小,传球之前有一个后引的动作,而易出现被对方队员断球等问题。因此,在单手肩上传球之前应观察对方队员的站位和意图,同时控制好传球的力度,将球准确地传给队友。与此同时,在传球时还应注意传球力量和距离之间的正比关系,在准确判断好队员的位置时才可传球。

图 3-2-4

 单手体侧传球

❀ 动作方法 见图 3-2-5

(1)两脚前后开立,与肩同宽,目视传球方向,两膝略屈,左肩对着传球方向,身体重心放在右脚,右手用手指、手腕将球扣住,左臂自然屈于胸前;

(2)传球时右臂伸直,向后方摆动,接着左脚向传球方向迈出半步，上体迅速向前，手臂前摆（右臂在体侧摆动，几乎与地面平行），当右臂摆到右前方时将球传出。

技术要点

（1）传球过程中，注意脚步动作与手部动作的连贯性，不要出现动作延迟现象；

（2）球传出后迅速恢复正常姿势，以便配合队员形成进攻。

错误纠正

单手体侧传球时会因为传球之前的后引动作，而易出现被对方队员断球等问题。因此，应预先观察好周围对方队员的站位和动作意图，避免将球传丢。同时由于此动作需要手与脚的连贯配合，所以应注意动作的协调性。

图 3-2-5

单手勾手传球

动作方法　见图 3-2-6

（1）左肩对准传球方向，左脚前脚掌触地；

（2）传球时右脚在传球的同时自然提起，右手持球上摆，当球摆到头顶时，肘关节顺势弯曲，屈腕，将球传出。

技术要点

肘关节动作要灵活。

单手勾手传球时易出现掉球等问题。因此,持球手在球脱离手前应将球握牢,避免出现掉球现象。

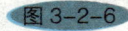

图 3-2-6

 单手背后传球

❋ 动作方法　　见图 3-2-7

（1）两脚自然开立,右脚在前,膝略屈,上体前倾,两手持球于腹前;

（2）传球时两臂摆动至右侧,左手随即离球,右手继续向背后左侧挥摆,将球传出;

（3）出球时手指和手腕应上摆,臀部向右方略转,传球的方向与高度取决于球出手的早晚和手臂摆动的弧度。

❋ 技术要点

（1）在进行单手背后传球时,由于在观察中视野会出现盲区,因此

应事先准确判断队友的具体位置,防止发生将球误传给对手的现象;

(2)传球时注意手指与手腕的配合,准确地将球传出。

 错误纠正

单手背后传球时易出现因视野盲区而造成误传。因此,应提前观察好其他队友的确切位置后,才能传球,不要急于将球传出而误传给对方队员。同时注意手指与手腕的配合。

图 3-2-7

双手胸前传球

动作方法　见图 3-2-8

(1)两手持球于胸前,两脚前后自然开立,膝略屈,上体略前倾,身体重心放在两脚上;

(2)出球时身体重心前移,两臂迅速伸直,同时手腕向上翻动,手指用力拨球;

(3)为了增大出球力量,传球时任何一脚可向前迈出一步。

 技术要点

　　双手胸前传球常在比赛跑动过程中运用，在传球时队员应当注意自己的传球力度。

 错误纠正

　　双手胸前传球时常发生在较长距离的传球，易出现传球时力量较小，不能准确有效地传球等问题。因此，可以在将球抛出的同时有一脚向前迈出，增大出球的力量。

基本技术

图3-2-8

双手低手传球

动作方法　见图3-2-9

（1）膝略屈，上体正直，两手五指自然分开，两拇指向上，握住球的两侧下方，持球于腹前；

（2）传球时，手腕上翻，小指、无名指上挑，轻轻将球传出去。

技术要点

注意传球的高度把握。

错误纠正

双手低手传球时常常是为了避免对方队员的堵截。因此，应注意和把握出球时的高度，避免对方队员将球截下。

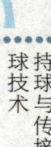

图3-2-9

持球技术与传接

049

接球

接球是完成各种持球进攻的基础,比赛中的接球大多是在跑动中进行的。在一些情况下,队员不仅要接稳球,还要迅速进行下一个动作,如再传球或射门等,因此,三门球比赛对接球技术要求很高。接球技术包括双手胸前接球、双手接地滚球、双手接高空球、双手接低球、单手接体侧球、单手接高空球、双手高接反弹球和双手低接反弹球等。

双手胸前接球

动作方法 见图3-2-10

(1)面向来球,两脚前后站立,两膝略屈,身体重心落在两脚上,上体略向前倾;

(2)两臂向来球伸出,两手手指自然张开呈碗形(略比球体大),在球与手接触的瞬间,两臂随来球后引,两肘自然下垂往胸前靠近,将球接住。

技术要点

接球时将球后引至胸前接住,而不是直接接住,避免对手腕造成伤害。

错误纠正

双手胸前接球时易出现漏球和手腕受伤等问题。因此,应注意将两手放松,自然张开,同时在接住球的瞬间不要即刻停住,而要随球飞来的方向向后引球,待球靠近前胸腹时自然抱于手中。

图 3-2-10

双手接地滚球

动作方法　见图3-2-11

（1）接球前身体对正来球，两脚前后站立，屈膝下蹲，后腿深蹲，上体前倾，手臂自然垂直于两腿中间，手指自然张开；

（2）接球时从球的下部上抄。

技术要点

（1）接球前准确判断来球方向，并用眼睛的余光观察对方队员的站位，以防出现漏球；

（2）接球时注意力度和角度的配合，防止手指受伤。

错误纠正

双手接地滚球时易出现漏球和手指受伤等问题。因此，应准确判断来球方向，及时作出反应；注意接球时的角度不要过大，以免戳伤手指。

图 3-2-11

双手接高空球

 动作方法 见图 3-2-12

（1）接球前面对来球，两膝略屈，上体略前倾，两臂自然伸直后引，准备起跳；

（2）接球时两臂迅速前摆，两脚用力蹬地向上跳起，到达最高点时在头部前上方将球接住；

（3）接球后前脚先着地，随之屈膝下蹲。

技术要点

起跳时应有足够的高度和腾空时间来接住队友传球。

错误纠正

双手接高空球时易因腾空时间过短，两手用力过小而造成漏球等问题。因此，应配合两臂的摆动，增大腾空时间，并在接球时用较大的力量将球接牢。

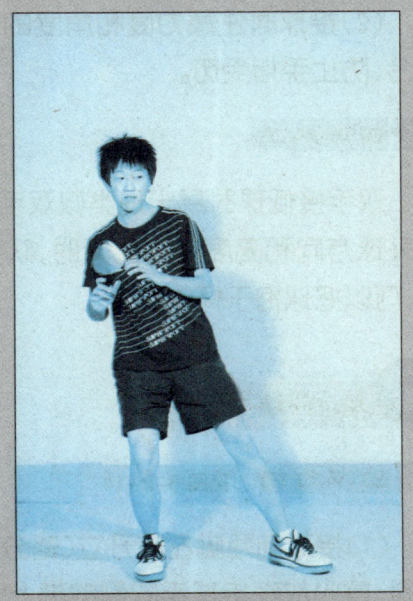

图 3-2-12

▼ 双手接低球

 动作方法 见图 3-2-13

（1）两脚前后（或左右）开立，身体弯曲下蹲，上体前倾，重心放在前脚，两臂自然下垂略向前伸，掌心相对，手指张开呈碗形；

（2）接球时两手伸出迎球，手指接触球体时两臂迅速顺势后引，缓冲球的速度。

技术要点

（1）接球前准确判断来球方向，并用眼睛的余光观察对方队员的站位，以防出现漏球；

（2）接球时注意力度和角度的配合，防止手指受伤。

图 3-2-13

错误纠正

双手接低球时易出现类似双手接地滚球的问题。因此，应准确判断来球方向和高度。与此同时，队员在将球接住后，应注意对球的保护，可以把球抱于怀中。

▼ 单手接体侧球

 动作方法 见图 3-2-14

（1）接球前两脚左右开立（略分前后），膝略屈，上体略向来球方向倾斜，重心放在接球手同侧的脚上，手臂略屈，向前侧方伸出，手指自然张开；

（2）接球时手臂随球后引，同时重心立即移到两脚上，手臂由后划弧向体侧将球勾回，并用左手将球扶住。

技术要点

　　在单手接体侧球时，应当注意接球手的后引动作，并在引至胸前时用两手将球拿牢。

错误纠正

　　单手接体侧球时易出现稳定性较差等问题。因此，应注意对球的保护，可以利用另一只手做好对球的保护，当接到球后，迅速将球后引至胸前，呈两手胸前持球状。

图 3-2-14

单手接高空球

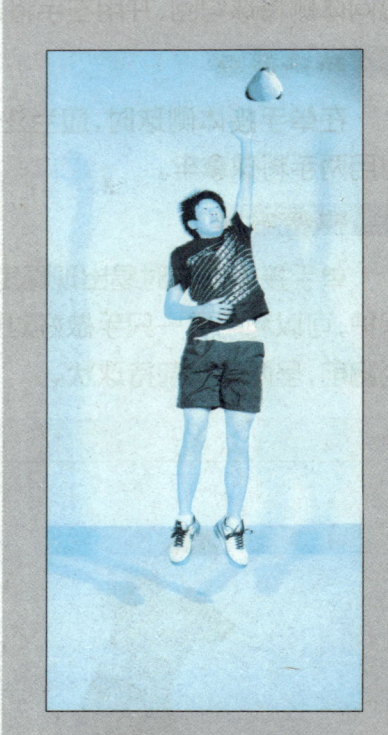

动作方法　见图3-2-15

（1）接球前两脚左右开立，距离略小于肩宽，两腰略弯曲，两臂下垂，做准备跳起的姿势；

（2）接球时两臂迅速上摆，同时两脚用力蹬地向上跳起，当身体跳至最高点时，左手上伸，手指自然张开，手掌略屈呈碗形，右手自然屈于胸前，当球接触左手手指时，立即屈腕收臂，同时右手迅速将球托住；

（3）落地时膝略屈，持球置于胸前，并用上体掩护。

技术要点

（1）单手接高空球前，充分利用两臂的摆动带动身体起跳；

（2）接球后利用身体掩护好球，防止在争抢过程中漏球。

错误纠正

单手接高空球时易出现球被对方队员打掉等问题。因此，应利用另一只手做好接球的掩护工作，进行阻挡对方队员的动作，但要注意力度适当，避免造成推人犯规。

基本技术

图 3-2-15

双手高接反弹球

动作方法 　见图 3-2-16

（1）接球时两脚前后开立，上体前倾，后腿略屈下蹲，两臂向球的落点伸出，两手手指自然张开，拇指相对，形成比球略大的半圆形；

（2）当手接触球后，两臂弯曲，身体直立，将球置于胸前。

技术要点

因为反弹球速度快，所以要求接球队员反应迅速，准确判断来球方向。

错误纠正

双手高接反弹球时易出现因反弹球速过快所带来的判断失误等问题。因此，应注意与队友进行眼神沟通，可在平时训练中多加练习。

图 3-2-16

▼ 双手低接反弹球

❀ 动作方法 见图 3-2-17

（1）接球时身体姿势与接低球相似；

（2）在球从地面反弹的同时，两臂向球落点伸出，掌心略向下接住球。

❀ 技术要点

双手低接反弹球时，要准确判断球的落点，并用两手掌将球包住。

❀ 错误纠正

双手低接反弹球时易出现漏球等问题。因此，应准确判断来球方向和高度。

图 3-2-17

第三节

运球技术

在三门球比赛中，要根据不同情况使用不同的运球方式，目的是引诱对手向自己靠近，为传球打开道路，或使队友摆脱对方防守。运球技术包括拍运球和抛运球等。

拍运球是三门球运动中最基本的运球方式之一，常在行进中使用。

基本技术

动作方法　见图 3-3-1

（1）一手持球，将球向前下方拍出；

（2）等球弹至与腹部齐高时，用两手接住，并向前方跑 3 步（不能超过 3 步），然后继续拍运。

技术要点

在拍运球过程中，应注意把握弹球高度。

错误纠正

拍运球时易出现球离手时间过长而被对方队员截取等问题。因此，应灵活运用拍运球，在对方防守队员较少夹击时使用；同时在拍运球的过程中，把握拍球的力度，使球弹回来的高度适中，以利于下一步的拍运。

运球技术

图 3-3-1

抛运球

抛运球常在前方没有人防守时使用,将球向上方抛出,快速运球,以便争取进攻时间。

动作方法　见图 3-3-2

将球向前上方抛出,当球落地弹起时把球接住,然后继续抛运。

技术要点

注意抛运球的时机,在有较多防守队员夹击自己时,最好将球传给离自己较近的队友。

错误纠正

抛运球时易出现与拍运球类

似的被对方队员将球截取等问题。因此,应注意与队友的配合,当遇到较多阻拦时,迅速将球抛传给前方队友,与队友形成进攻配合,以获得更多的射门机会。

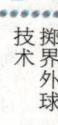

图 3-3-2

第四节

掷界外球技术

掷界外球在三门球比赛中,可以利用有效的时机组织队员进攻。掷界外球时,两脚前后或左右开立,保持两脚着地,两脚的位置和方向由掷球的方向决定。掷界外球技术包括高抛掷界外球和低抛掷界外球等。

 高抛掷界外球

在抛掷界外球时,当队友离自己较远时,可以采用高抛掷界外球的方式将球抛给队友。

动作方法 见图 3-4-1

（1）开始时两脚着地，两手手指开，握住球的后半部，两臂弯曲，持球过头顶；

（2）掷界外球时两脚用力蹬地，同时两臂向前挥摆，加上腰部和上体前屈的力量将球掷出。

技术要点

在高抛掷界外球时，应当分清敌我，将球准确地抛掷给队友。

错误纠正

高抛掷界外球时易出现由于出球时间过长，而带来较多的变动因素，诸如对方队员截球等问题。因此，应将球抛给无人盯防或有较少人盯防的队友，控制抛球力度，尽量把球准确无误地传给队友。

图 3-4-1

在抛掷界外球时，当队友离自己较近时，可以采用低抛掷界外球的方式将球传给队友。

动作方法 见图 3-4-2

（1）开始时两脚着地，两手手指分开，握住球的后半部，两臂弯曲，持球置于身体前方，腰可略弯曲；

（2）掷界外球时两脚用力蹬地，同时两臂向前挥摆，加上腰部和上体前屈的力量将球掷出。

技术要点

在低抛掷界外球时，队员要在掷球时充分利用腰部和上体前屈的力量，将球高速准确地抛出。

错误纠正

低抛界外球时易出现抛球不准等问题。因此，应注意控制抛球的力度，尽量把球准确无误地传给队友。

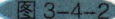
图 3-4-2

第五节
守门技术

三门球的守门技术,有很多地方和足球守门技术相似。在实际比赛当中,队员要根据进攻队员的射门技术和不同情况采取不同的守门方法,灵活应对。守门技术包括接地滚球、接胸腹同高球、接头部以上高球、侧面倒地接球和鱼跃扑球等。

接地滚球

当面对地面滚动射门时,可以采用接地滚球的方式进行守门。

动作方法 见图3-5-1

(1)开始时两脚并立,相距约10厘米,上体前屈,两臂自然向下伸出,掌心向前,手指略张开;

(2)接球时如来球的方向偏左或偏右,就应该先向左侧或右侧跨出一步,使身体对着来球,再用上面的准备姿势去接球。

技术要点

准确判断来球方向,避免造成接空现象。

错误纠正

接地滚球时易出现接空等问题。因此,应使身体提前对准来球方向,并在接球后做对球的保护姿态,环抱于胸前。

图3-5-1

接胸腹同高球

当面对高度近似于胸腹部的射门时,可以采用接胸腹同高球的方式进行守门。

动作方法 见图3-5-2

（1）开始时两手向前伸出迎球,两手由下向上抄;

（2）接到球时,两手顺势后引,将球抱到胸前,并用胸部将球压住,来球如偏左或偏右,应事先快速向左侧或右侧跨出。

技术要点

准确判断来球方向和高度,接球后顺势后引,保护好球。

错误纠正

接胸腹同高球时易出现方向判断失误等问题。因此,应及时根据来球的变化作出反应,手脚配合把球接住。

图 3-5-2

接头部以上高球

当面对高于自己头部的高球时,可以采用接头部以上高球的方式进行守门。

动作方法 见图3-5-3

（1）接球时两臂上举,手指自然分开,手触球后顺势将球抱住至胸前;

（2）如果来球力量较大不易接住，可以让球在手掌触球后顺势落地，或有意地把球拍在球门区内，或是用单掌、两掌击球，使球飞出球门区。

技术要点

准确把握起跳时机，以便将球接住。

错误纠正

接头部以上高球时易出现起跳过早等问题。因此，应根据来球方向和对球速的初步判断，准确判定自己的起跳时机。

图 3-5-3

侧面倒地接球

当要截取距离较远的球时，可以采用侧面倒地接球的方式进行守门。

动作方法　见图 3-5-4

（1）扑球时用与来球方向同侧的脚猛力蹬地，或预先跨步后再蹬地，如向右侧扑，即用右脚先向前右跨一步，接着左脚再向左跨一步；

（2）两手快速向侧伸出，一手置于球后，另一只手置于球的侧后上方，做落地缓冲动作。

技术要点

扑出去后，小腿侧面、大腿、体侧、手臂依次着地，以免受伤。

错误纠正

练习时易出现由于向侧扑球导致重心向侧偏移，或扑球点和时机不充分，没有扑到球等问题。因此，应多做向左或向右侧扑球练习，体会动作要领。

图3-5-4

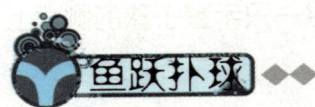
鱼跃扑球

当面对射门的球距离较远时，同样可以采用鱼跃扑球的方式进行守门，由于腾身侧面跃出，增大了接球的范围，故能接住用其他动作难以接到的球。

动作方法 见图3-5-5

（1）扑球时用与来球方向同侧的脚猛力蹬地，异侧腿屈膝提摆，使身体跃出接球；

（2）接球后落地时，两手按球，用前臂的侧面先着地，团身护球。

技术要点

如果守门员鱼跃扑球时，对方采取挑射，应伸臂拦球，以形成最大的防守屏障，同时伸脚挡球，减小防守面积。

错误纠正

练习时易出现扑球点和时机不充分、没有扑到球等问题。因此，应多做向左或向右侧鱼跃扑球练习，体会动作要领。

图3-5-5

第六节

射门技术

　　射门是得分的最后环节，每个队员都必须掌握好这项技术。根据射门时动作移动情况，射门可分为单手肩上射门、单手体侧射门、低手射门和双手抛射等。

单手肩上射门

　　单手肩上射门是三门球比赛中用得最多的一种射门方式。如果是跳起射门，应利用身体在空中飞行的惯性和空中转体，挥臂完成出球射门。

❋ 动作方法 见图3-6-1

　　引球至肩后上方，跑动中射门利用同侧腿蹬伸，髋关节前送，带动躯干转动摆臂出球。

❋ 技术要点

　　单手肩上射门要求队员找准球门"死角"，准确地将球送入球门。

❋ 错误纠正

　　单手肩上射门时易出现球被对方队员截取，或因射门力度过小而被对方队员将球截取等问题。因此，应采取门前迂回战术，迷惑对方防守队员，同时在射门瞬间加大躯干的转动幅度，以加大射门力度。

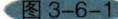
图3-6-1

 单手体侧射门

单手体侧射门一般是在防守队员举臂封球或正面遭到抱拦时,由肩上射门突然改为体侧射门的动作。

❋ 动作方法　见图3-6-2

（1）手臂后引,上体转动,手臂沿水平方向快速向前挥摆;

（2）挥摆中同样利用身体惯性,将球大力送进球门。

❋ 技术要点

进行单手体侧射门时,应当充分利用自身惯性将球高速地送入球门。

❋ 错误纠正

肩上射门突然改为体侧射门可以增加射门几率,但同时也带来射门力度过小的问题。因此,在单手体侧射门时应找准球门"死角",以达到出其不意的目的。

图3-6-2

 低手射门

低手射门是在防堵者严密封堵上面和侧面时,从对方腿侧将球射进球门的一种方法。

❋ 动作方法　见图3-6-3

（1）两腿弯曲,持球手臂肘关节略弯曲,上臂与身体呈90度,前臂与地面平行;

（2）射门时略转体,同时手臂前摆,当肘关节与身体平行时,手腕快速抖甩出球。

队员在进行低手射门时，掌握上臂与身体所成角度，并利用手腕的力量将球甩出。

错误纠正

在进行低手射门时易出现球被截取的问题。因此，应在对方球门前做假动作，迷惑对方防守队员，待射门时机成熟，迅速抖腕将球射入门内。

图3-6-3

双手抛射一般是在摆脱防守队员，面对空门且离球门较近的情况下使用。

动作方法 见图3-6-4

双手持球于体前，手臂下垂，掌心向前，两臂向前挥摆，十指拨球，向前抛向球门。

技术要点

注意摆脱防守队员的干预。

错误纠正

距离球门较近时进行两手抛射，同样易出现球被截取等问题。因此，应在距离球门较远的地方大力将球抛出，以达到出其不意射门的目的。

图 3-6-4

第七节
个人防守技术

　　三门球比赛是一个要求整体行动的运动项目,每一位队员防守技术的好坏,都关系着集体防守的成败,也决定着整场比赛的结果。因此,每个队员除练习个人进攻技术的同时,还必须熟练掌握个人防守技术。个人防守技术包括防守基本技术、防守方法和防守基本动作等。

防守基本技术

　　在三门球比赛中,进攻选择空间和防守的战略空间是相等的。它们也是相互制约、相互促进和相互转化的。因此,防守与进攻处于同等重要的地位。个人防守是全队防守的基础,要提高全队的防守水平,必须要提高个人防守的基本能力。防守基本技术包括防守姿势、防守位置和防守原则等。

防守姿势

图 3-7-1

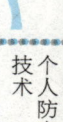

 动作方法　见图3-7-1

两脚左右分开，两膝略屈，身体重心落在两脚上，上体略前倾，两臂张开。

技术要点

队员呈防守姿势时，注意全身放松，以便准确判断对方持球队员的进攻意图，快速发动防守。

错误纠正

防守时易出现起动较慢等问题。因此，应全身放松，身体呈屈膝张臂状，并环视场上对方队员，提前判断其进攻意图，防患于未然，待确定后迅速采取措施进行防守。

防守位置

动作方法　见图3-7-2

（1）站在对方和本队球门连线上；

（2）如距离球门较近，特别是在任意球弧内，则应张开两臂紧贴对方，更重要的是防止对方进行有力的射门。

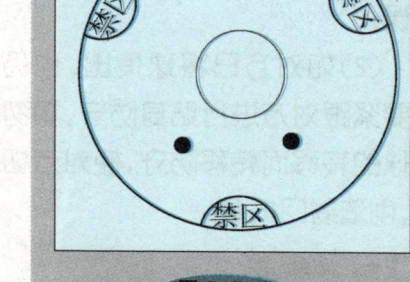

图 3-7-2

技术要点

防守队员应注意防守位置的选取。

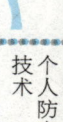技术　个人防守

 错误纠正

队员在进行防守时易出现过多地局限于自己的防守位置等问题。因此，应当灵活地根据场上局势变换自己的位置，但面对对方持球队员距离球门较近时，可以采取贴身的策略将球断下。

防守原则

防守时必须遵循积极、主动和快速的原则。积极防守不但能够稳固后防，而且能够争到快速反攻的机会。

 **防守方法**

防守方法是指，在面对防守传球者、运球者、射门者和无球者等不同对象时所采用的不同的防守方法。

防守传球者

 动作方法 见图3-7-3

（1）张开两臂，在可能传出的方向上不断晃动，尽力使对方传不出球，或迫使对方传球不准或传球失误；

（2）如对方已将球传出，也仍然要紧跟对方进行贴身防守，切勿因球的转移而转移防守，使对方切近，创造射门机会。

技术要点

贴近对方，造成对方失误，为自己的进攻赢取机会。

图3-7-3

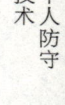

 错误纠正

队员在防守传球者时会因为较多地关注传球方向,而忽视了对持球队员的防守,使其突破自己的防守。因此,应既关注球又关注人,既能将球断下,同时还不使对方队员突破自己的防守。

防守运球者

 动作方法 见图3-7-4

（1）迅速退到对方与本方防守的球门之间,阻止对方继续向前运球、传球或射门,切勿盲目扑球,以免被对方切入;

（2）如对方已绕过自己切入,应做转身跟进,保持在对方与球门之间,防止对方进攻。

技术要点

防守队员在防守运球者时,应尽量避免盲目扑球,防止被对方队员的假动作迷惑,应在准确判断后再进行扑球。

图3-7-4

错误纠正

队员在防守运球者时易出现误判对方假动作,而使对方队员突破等问题。因此,应准确判断对方的真正意图,不要被其假动作所迷惑,必要时可采用贴身的方式进行防守。

防守射门者

动作方法 见图3-7-5

（1）必须紧逼对方,要特别注意持球手的动作;

（2）主动去抢球，但不要盲目扑球，以免在球门区内犯规，被罚直接任意球。

技术要点

防守队员在防守射门者时，应主动抢球，不要被动防守。

错误纠正

队员在防守射门者时易出现由于自身的防守犯规，而给对方造成机会等问题。因此，应在防守过程中注意自身的动作的规范。

图 3-7-5

防守无球者

动作方法 见图3-7-6

（1）随着防守对象迅速移动，注意力要集中在防守对象身上，然后再注意球，否则容易被对方绕过或骗过，使其顺利达到进攻目的；

（2）当对方采取掩护时，应迅速和队友交换防守对象或采用区域防守，破坏对方队员的进攻。

技术要点

（1）防守队员在防守无球者时，要注意判断其真正进攻意图，不要因为注意球而被对方绕过自己的防守；

（2）在对方联合进攻时，要与自己的队友形成区域防守。

错误纠正

队员在防守无球者时会误以为其没有持球不会造成射门的威胁，但一旦他接到队友的传球便可由无球转换成射门者的角色。因此，应注意对方持球队员的所处位置，随时改变自己的行进方向，避免对方出现配合进攻。

图3-7-6

防守基本动作

队员在进行防守时，可以灵活地采用抱人、拉人、封球、打球和断球等基本动作进行防守。

▼ 抱人

❋ 动作方法   见图 3-7-7

（1）快步上前，两手臂从体前张开合抱，并用力将对方拉入怀中，呈抱锁状态；

（2）抱人可从进攻者的正面、侧面和背后进行。

❋ 技术要点

防守过程中，抱人要在合理冲撞的前提下安全进行。

❋ 错误纠正

抱人防守时易出现冲撞等问题。因此，应注意用力程度，避免对他人造成身体伤害。

图 3-7-7

▼ 拉人

❋ 动作方法   见图 3-7-8

上体前倾，手臂前伸，抓住对方上臂或者肩部。

❋ 技术要点

防守过程中，拉人时要注意自身的力度把握。

❋ 错误纠正

拉人防守时易出现冲撞等问题。因此，应注意用力程度，避免对他人造成身体伤害。

图 3-7-8

封球

动作方法　见图3-7-9

　　(1)正面封球：选好站位，在对方出球的一瞬间，手臂迅速上举(单臂或者双臂均可，若用两手，应两臂同时迅速合拢)，对准对手出球的方位，用手臂封挡球，并尽量将球接入掌中；

　　(2)侧面封球：当进攻队员做出射门动作时，迅速侧跨(或者侧跳)举臂封球。

技术要点

　　防守过程中，采用封球技术时，队员应选好位置，在挡球后尽量将球接入自己的掌中，避免将球击落后被对方队员截取。

错误纠正

　　封球时易出现掉球等问题。因此，应注意与队友形成配合，队友要及时接取被封断的球，避免封断的球重新落入对方队员手中。

图3-7-9

打球

动作方法　见图3-7-10

　　迅速伸臂，手腕要灵活，不要太用力，以快速、准确地急拨动作将球打掉。

技术要点

　　在对方队员持球跑动或射门时，乘其不备将球打掉。

错误纠正

打球防守时易出现挫伤手腕等问题。因此,应注意用力不要太大,以恰好将球打落为度。

图 3-7-10

断球

动作方法　见图 3-7-11

（1）选择能控制对方传球路线的位置;

（2）断球前要隐蔽自己的意图,在对方出手的瞬间,以最快的速度跃起断球。

技术要点

断球过程中,防守队员应快速、隐蔽地将球断下,同时注意多用单手、双手的配合,以便顺势及时地转入进攻。

图 3-7-11

断球时易出现过早暴露自己的断球意图,而使对方改变进攻路线等问题。因此,应注意隐藏自己的断球意图,待对方球出手时再迅速将球断下。

第八节

假动作技术

比赛中防守方防守严密时,进攻方为迷惑对方,可运用假动作,使其不能掌握进攻者的动作意图和进攻路线。假动作技术包括持球假动作和徒手假动作等。

持球假动作

持球假动作的变化较多,根据场上具体情况可采用不同的假动作。

动作方法 见图3-8-1

进攻者先做向左传球动作,这时防守者一般会去扑球而失去重心,进攻者应立刻改为从右边切入,或将球传给右方位置较好的队友。

技术要点

如果对方已经识破是假动作而不移动,那么这时就应该把假动作变成真动作,从而达到突破防守,形成进攻的目的。

错误纠正

进行持球假动作时易出现不

能灵活应对场上局势等问题。因此，队员在做持球假动作时，可以假戏真唱，也可以真戏假唱，让对方防守队员摸不准进攻意图。

图 3-8-1

徒手假动作

徒手假动作主要是为了摆脱对方防守，顺利达到进攻目的。

动作方法 见图 3-8-2

队员在进行徒手假动作时，可以运用慢跑、突跑、加速跑、变速跑、变向跑、快速跑急停等方法，借以摆脱对方的防守。

技术要点

各种方式间的灵活运用和转换，会使假动作起到迷惑防守方的作用。

错误纠正

进行徒手假动作时易出现忽

图 3-8-2

视与队友配合等问题。因此,应与队友形成配合与接应,在与队友的传球过程中形成进攻。

第九节
突破技术

突破是持球队员运用身体动作,快速超越和摆脱对手的一项具有强烈攻击性的进攻技术,是个人进攻的重要手段。三门球运动中,突破技术主要包括躲闪突破和挣脱突破。

躲闪突破

躲闪突破是指持球队员避开防守队员抱、拉、拦的一种突破方法。躲闪突破一方面是利用速度的变化,急停急起甩开对手,另一方面是利用突破、改变方向的跑动或利用变相的假动作闪开防守者。躲闪突破包括脚步动作运用、上体动作运用、手臂动作运用和加速跑等。

脚步动作运用

动作方法 见图3-9-1

利用突破的蹬跨或跳跃(向左右侧的),以及适时的后撤和转移进攻方向(由进攻甲方转为进攻乙方球门)来完成突破。

技术要点

队员要灵活运用脚步动作,快速转移进攻方向。

❀ 错误纠正

　　在利用脚步动作进行躲闪突破时易出现忽视与上体假动作的配合等问题。因此,应在利用脚步动作的同时,重视与上体动作的配合。

图 3-9-1

 上体动作运用

❀ 动作方法　见图 3-9-2

　　为迷惑对手,可在脚步动作的配合下,身体左、右晃动,使防守方作出错误判断,即用所谓的假动作实施突破。

❀ 技术要点

　　队员在运用上体动作时,应充分利用假动作迷惑防守方。

❀ 错误纠正

　　在比赛过程中上体动作运用一般不会出现太多失误,但应注意上体与脚下动作的配合,成功地运用假动作来迷惑对方。

图 3-9-2

 手臂动作运用

❀ 动作方法　见图 3-9-3

　　为防止对手封堵球或被对手拉、抱住,可采取抡臂摆脱防守的方法,一方面保护球,另一方面甩开和超越对手,完成突破进攻。

 **技术要点**

队员在运用手臂动作时,要持球和突破兼顾。

 **错误纠正**

在比赛时手臂易出现因过于突破而丢球的问题。因此,应做到持球与突破兼顾,持球是前提,突破是目的,二者缺一不可。

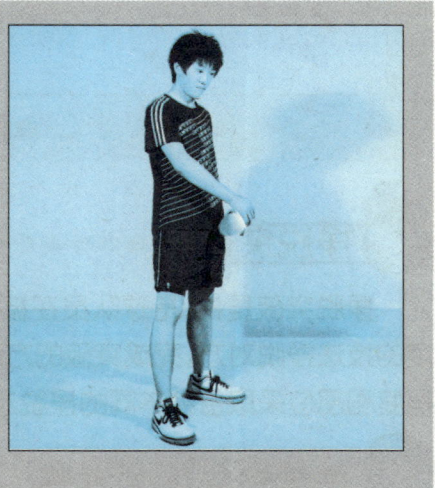

图 3-9-3

 **加速跑**

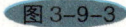 **动作方法** 见图 3-9-4

利用进攻者自己的绝对速度和强大冲击力强行通过。

 **技术要点**

加速跑时注意不要因为速度而忽略了进攻方向。

 **错误纠正**

进行加速跑时常因惯性的作用而导致不能急停的问题出现。因此,针对此问题队员在加速跑时应当注意自己的速度的同时,灵活地使自己停止而与队友形成传接球的配合。

图 3-9-4

 挣脱突破

挣脱突破是指，持球队员在被对方抱、拉住躯干或上肢时，通过一定的技法挣脱对方，完成突破的方法。挣脱突破可根据被对方抱、拉的程度和部位采取各种不同的挣脱方法。

单手被拉住时突破

 动作方法 见图 3-9-5

单手被对方拉住时，可采用抡臂方法，即在另一手臂帮助下，被拉手臂向防守者虎口方向用力下压或上翻。

图 3-9-5

技术要点

队员在单手被拉住时，要灵活运用抡臂方法以挣脱防守。

错误纠正

进行单手被拉住突破时易用力不当，造成对自己的伤害。因此，应注意在保证自己不受伤的前提下，安全进行挣脱突破。

两手臂和躯干被抱住时突破

动作方法 见图3-9-6

两手臂和躯干被抱住时，可扭动躯干，两臂向外扩张用力，同时两前臂上拱，从对方两臂中挣脱。

技术要点

队员在两手臂和躯干被抱住时，应通过躯干的转动和两手臂的配合顺利挣脱。

错误纠正

在两手臂和躯干被抱住突破时易出现用力过度，造成防守队员的伤害。因此，应注意自己的动作幅度，不宜过大。

图3-9-6

突破技术

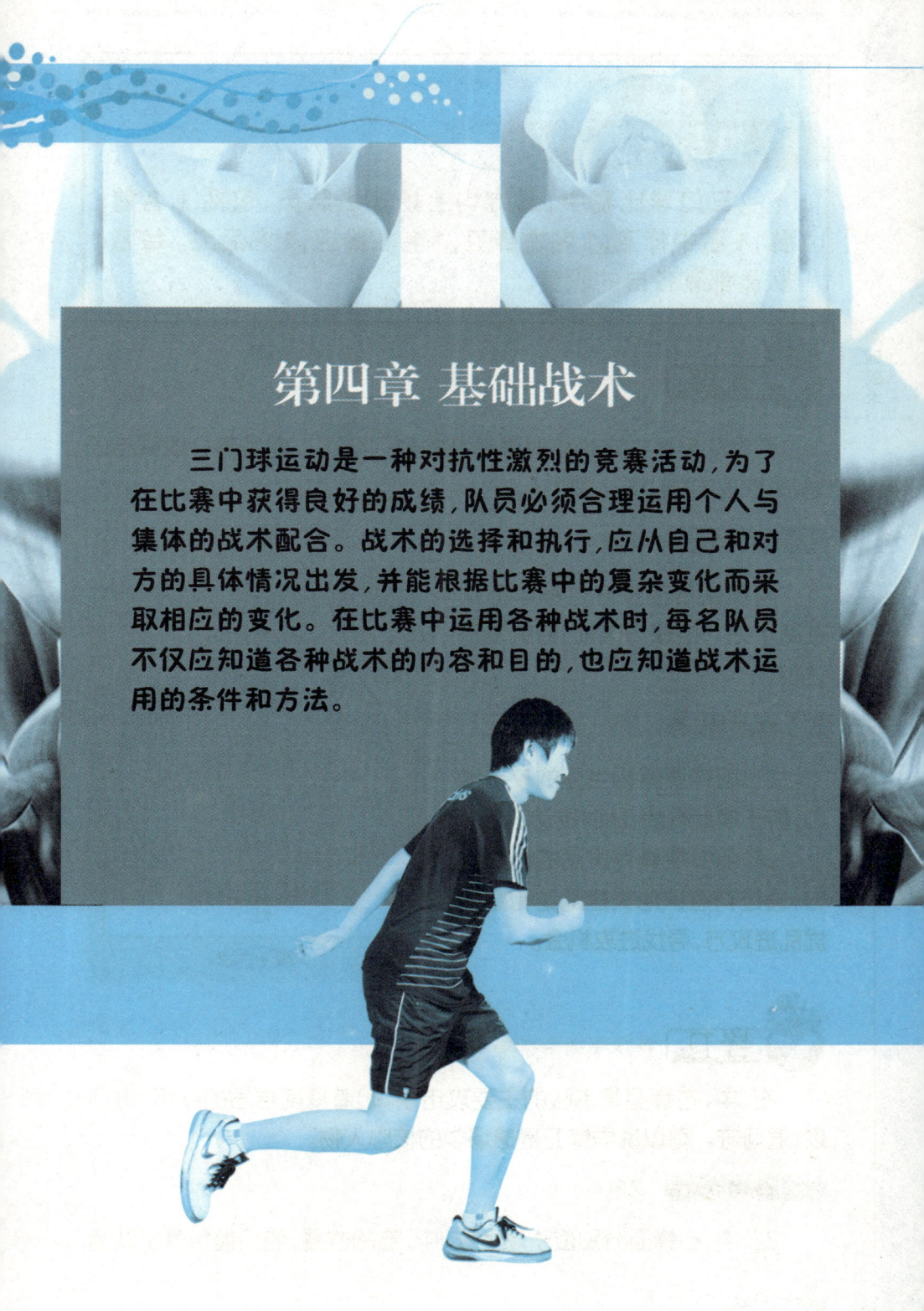

第四章 基础战术

　　三门球运动是一种对抗性激烈的竞赛活动,为了在比赛中获得良好的成绩,队员必须合理运用个人与集体的战术配合。战术的选择和执行,应从自己和对方的具体情况出发,并能根据比赛中的复杂变化而采取相应的变化。在比赛中运用各种战术时,每名队员不仅应知道各种战术的内容和目的,也应知道战术运用的条件和方法。

第一节
队员职责

三门球比赛中,三方均上场 5 名队员,包括 1 名前锋,1 名中锋卫,1 名左锋卫,1 名右锋卫,1 名后卫。每名队员都有各自的职责。

基础战术

 前锋

前锋队员是由守转攻时最活跃的射门队员,肩负着一线突击任务,是快攻中的尖刀人物。

占位方法 见图 4-1-1

前锋队员在攻守过程中活动在两个对方的球门区前,待机发动进攻。

技术要点

(1)前锋要有相当强的攻击能力,善于捕捉机会,随时发动进攻;

(2)前锋要具有灵活的协防能力,通过有意识地快速跑动和穿插扰乱进攻方,寻找进攻机会。

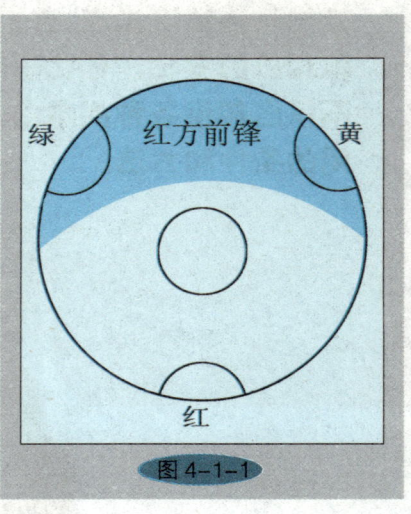

图 4-1-1

 锋卫

左、中、右锋卫是本队的主要攻击手,起着承前启后的作用,进可攻,退可守。可以说中锋卫是球场中的核心人物。

占位方法 见图 4-1-2

左、中、右锋卫分别位于场上左、中、右的位置,他们担负着全队组

织指挥的任务，是球队进攻、转移、防守与协防的枢纽。

技术要点

（1）进攻时，左、中、右锋位的队员是本队的主要攻击手，可以分别由前锋、左锋位、中锋位或前锋、右锋位、中锋位组成进攻单元，构成攻击威胁，吸引、分散和削弱对方的防守能力，为本队得分，并创造更多的进攻机会；

（2）防守时，左、中、右锋卫的队员凭借个人的防守能力，以及锋卫之间构成的防守体系，极大地瓦解对方的进攻和威胁；

（3）如果锋卫攻守能力强，攻可以丰富战术打法，提高战术的灵活性，守则可以提高攻守转换的应变能力。

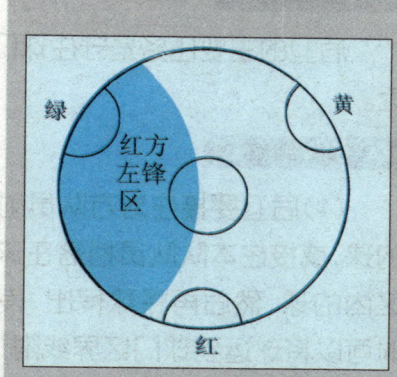

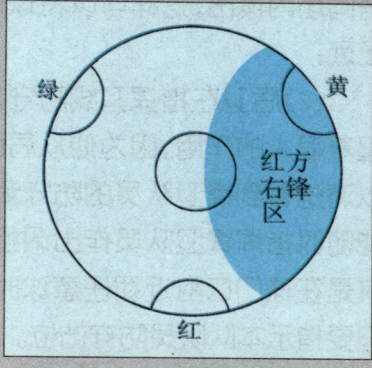

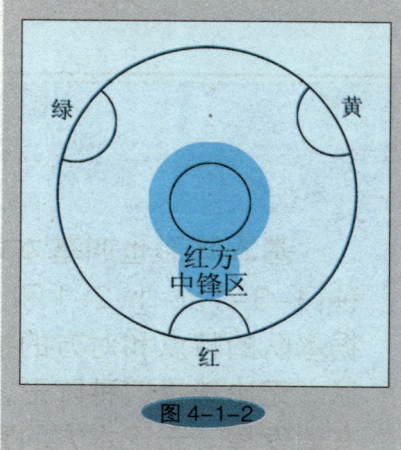

图 4-1-2

队员职责

后卫

后卫队员肩负着防守本方球门最后一道防线的艰巨任务，同时还具备发动快攻和进攻中的转移任务。

占位方法 见图 4-1-3

后卫的主要任务是守住球门,因此他在活动范围主要在球门区附近。

技术要点

(1)后卫要接住对方队员射来的球,或接住本队队员挡落在球门区内的球,然后再将球传出,传球时可以将球运到球门区界线附近,再向场内传出,这样可以将球传得更远;

(2)后卫在指挥卫线防守方面起着很大的作用,因为他从后面可以清楚看到锋卫队员的防守漏洞,能随时指挥锋卫队员作出调整,尤其是在球门区附近罚任意球时,后卫要指示本队队员防守站位。

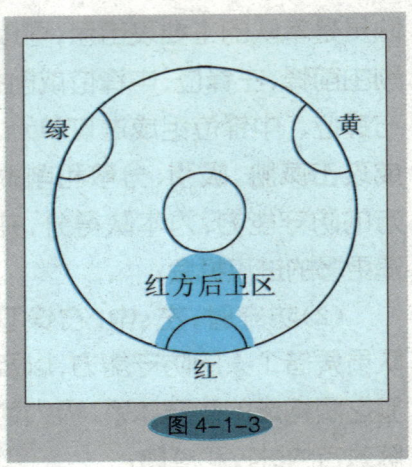

图 4-1-3

第二节

基本阵形

基本阵形也叫基本站位,比赛开始时的站位有三种:1-3-1,1-1-2-1 和 1-2-1-1。比赛时,各队可以根据本队的特点和对方的情况,灵活地选择其中的一种阵形。无论选择何种阵形,其根据都是有利于进攻战术的有效发挥。无论本方的哪一个队员获得球,都可以快速地对其他两方形成 3 人配合进攻态势。无论其他两方中任何一方获得球,都可以快速形成防守本方球门和协防其他任何一方防守的阵式。

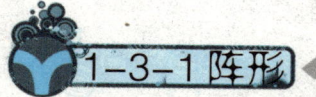

1-3-1 阵形

1-3-1 阵形以加强防守为基本指导思想,将中锋卫的人数增加到了三名。如此的布局,有利于处于锋位的队员在比赛过程中进行快速反攻和快速防守。

占位方法 见图 4-2-1

如图所示,❶后卫位于己方禁区前;❹左锋卫、❷中锋卫和❸右锋卫呈一条直线排列,其中中锋卫位于中圈内,左锋卫占据中圈左侧部分,右锋卫占据中圈的右侧部分;❺前锋位于对方两禁区连线的中间位置。

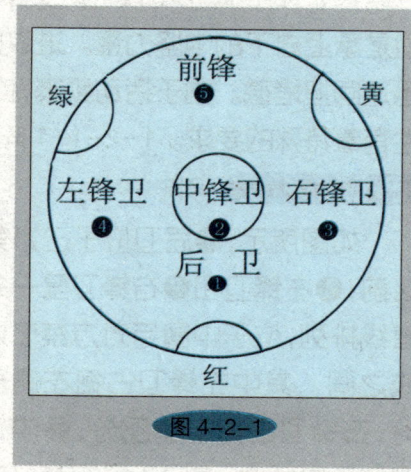

图 4-2-1

技术要点

讲究平衡。

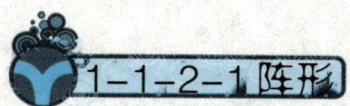

1-1-2-1 阵形

1-1-2-1 阵形的队员位置较为灵活,它要求队员能根据战势机动调整位置,同时在位置变换中又始终保持整体的组织性。两锋位靠后的布置,使得本阵形着重突出了防守。

占位方法 见图 4-2-2

如图所示,❶后卫位于己方禁区前;❹左锋卫和❸右锋卫呈一条直线排列,位于中圈与己方禁区之间,其中左锋卫占据左侧部分,右锋卫占据右侧部分;❷中锋卫位于

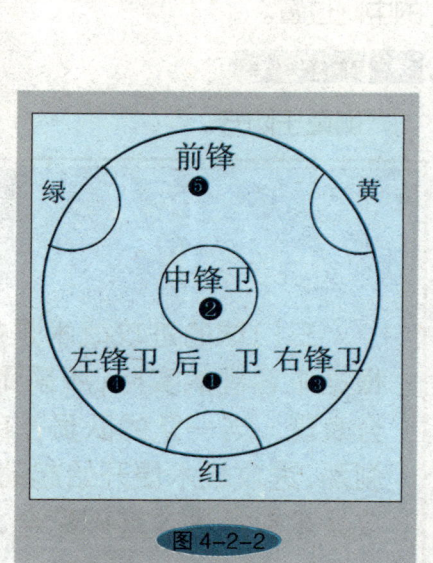

图 4-2-2

基本阵形

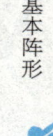

中内；❺前锋位于对方两禁区连线的中间位置。

技术要点

偏重进攻。

1-2-1-1 阵形

1-2-1-1 阵形的攻守队员排列较为平衡。在此阵形运用中，两锋卫是承上启下的中坚力量。进攻时，他们积极组织策应；防守时，他们迅速回担堵截。由于活动频繁，该阵形对两锋卫的体力及技术的全面性有着特殊的要求。1-2-1-1 阵形的弱点是中场力量相对薄弱。

占位方法 见图4-2-3

如图所示，❶后卫位于己方禁区前；❹左锋卫和❸右锋卫呈一条直线排列，位于中圈与对方禁区连线之间，其中左锋卫占据左侧部分，右锋卫占据右侧部分；❷中锋卫位于中圈内，偏向于己方禁区的位置；❺前锋位于对方两禁区连线的中间位置。

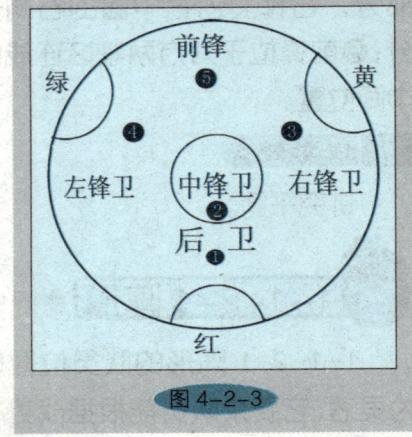

图4-2-3

技术要点

侧重于防守。

第三节

进攻战术

　　三门球的进攻战术是指，在比赛中为了战胜对手，根据主客观的实际，所采用的个人和集体配合手段的综合表现。当一队的队员在比赛中从对方获得对球控制的刹那，进攻战术便开始起动，最终目的在于射门得分。进攻战术包括进攻基础配合、快攻和佯攻与转移等。

进攻基础配合

三门球运动中,二三人之间有目的、有组织、协调行动的方法,是组成全队战术的基础,包括传切配合、掩护和交叉换位等。

传切配合

战术方法

进攻队员传球后,以变向、变速跑结合假动作摆脱对方,快速切向球门区接队友传球进行攻击。

技术要点

队员在传切过程中,充分利用变向、变速跑的交替配合,组织进攻。

掩护

战术方法

无球队员以自己的身体,用合理的动作挡住防守队员的移动路线,使其丧失对持球进攻队员的防守,同时使队友或本方获得良好的配合和攻击机会。

技术要点

队员在掩护过程中,要充分考虑本方持球队员的进攻意图,以更好地配合其展开进攻。

交叉换位

战术方法

靠近的两个队员向进攻目标做交叉跑动,互换位置,借以摆脱防

圈守,获得突破攻击的机会。

✿ 技术要点

队员在交叉换位过程中,要充分利用假动作,以摆脱对方防守队员的拦防。

快攻是由防守转入进攻进行快速反击的一种进攻组织形式,在三门球运动中运用最多。它是以最快的速度、最短的时间向对方球门区推进,趁对方立足未稳,果断合理地利用快速有效的配合进行攻击的一种进攻战术。快攻包括长传快攻和短传推进快攻等。

✿ 战术方法

防守队员获球后,用一次传球,将球传给已接近对方禁区的队友进行攻击。

✿ 技术要点

队员在长传快攻时,速度要快,时间要短,配合简单。

✿ 战术方法

在防守获球后,利用短距离快速多次的传球配合,迅速接近攻击区。

✿ 技术要点

短传推进快攻时,可充分利用多次传球配合迷惑对方,以迅速形成进攻。

佯攻与转移

佯攻与转移是进攻者为迷惑对方，对其中一方制造进攻的态势，瞬间通过长传或短传推进而向另一方突袭，以达到攻击成功的一种战术。

战术方法

结合假动作的使用，灵活配合佯攻与转移，达到突袭目的。

技术要点

在佯攻和转移过程中，注意隐蔽自己的意图，以达到出其不意的效果。

第四节

防守战术

三门球防守战术的基本思想是每个队员守住一个进攻队员，在防住对手的基础上，相互协作的全队防守，从而有效地抑制对方的射门。防守时应当注意提高防守效率，减少自身的体力消耗，限制对方得分。防守战术包括防持球队员配合、防无球队员配合、防快攻和协防等。

防持球队员配合

当某防守队员被持球进攻队员突破，或无球队员占据最佳射门位置时，临近防守队员应积极补位防守，以弥补本方的防线缺口。

战术方法

由于三门球规则中规定，对持球队员防守者可抱、拦其躯干和上肢，因此在对持球队员的防守配合上，可采取合围的办法，即临近的两个防守队员同时上前使其无法突破和射门。

技术要点

防守过程中，避免被对方队员假动作绕过自己而形成进攻。

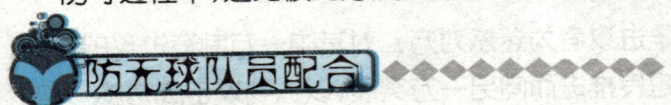
防无球队员配合

战术方法

对无球队员可采用关门配合，即相邻的两三个防守队员迅速靠拢，封堵对方来球前进路线。

技术要点

防守过程中，避免被对方队员假动作绕过自己而形成进攻。

防快攻

三门球的攻防转换是直接对抗性球类项目中最快、最频繁的，在三门球比赛中的运用也最多。

战术方法

（1）一般快攻发动的时机多是由于传接球失误、发球门球等给队员提供了快攻的机会，因此提高防守转换意识是防守快攻的思想保证；

（2）在对方即将发动快攻时，迅速围堵持球队员，封拦第一传是防守快攻最好的办法，这样可以延缓对方进攻的速度，瓦解快攻战术。

技术要点

（1）队员在防快攻过程中，防守转换意识要灵活；

（2）防守中，封堵第一传是瓦解快攻的关键。

协防

三门球比赛具有独特的攻二防二体系，协防战术运用极为普遍，包括内部协防和两队之间协防等。

内部协防

战术方法

当某防守队员被持球进攻队员突破，或无球队员占据最佳射门位置时，临近防守队员应积极补位防守，以弥补本方的防线缺口。

技术要点

队员防守的站位和整体移动很关键。在比赛三方实力接近，对方阵地进攻，而我方前场队员基本回防的前提下，应该提倡积极地扩大防区和整体逼抢，用整体跑动封堵对方有球或无球进攻队员的接球和传球线路，不让对方轻易地接球和处理球。

两队之间协防

战术方法

三门球比赛中，两队之间协防是维护自身利益的需要。因为在进攻方进球时，另外两方都要被扣分，这就决定了两队之间协防的重要性。当一方队员控球时，另外两方队员便结成联盟，形成统一防线，以阻止控球方队员的进攻。

技术要点

两队之间协防的关键在于两方队员的配合。但在两方队员协防的同时，应当注意由防转守的迅速转变，当协防一方得球后要迅速由防守方转变为进攻方，同时另一协防方也要注意防守态势的变化，以免给对方创造射门机会。

第五节

战术模式

　　三门球的战术模式主要是指队员在比赛中,对于进攻战术和防守战术的灵活运用,以及队友之间的相互配合。三门球比赛是由进攻和防守这一矛盾体构成的,攻防方通过制约与反制约,达到战术模式的动态平衡。在三门球的比赛中,常见的战术模式包括三·三推进进攻战术、三·二防守战术和协防配合等。

 三·三推进进攻战术 ◆◆◆◆◆◆◆

　　三·三推进进攻战术是 3 名进攻队员组成的 3 人相互配合的基本进攻阵势。该阵势的特点是,只要本方任何一个队员获得球,都能快速地对其他任何一方球门形成 3 人相互配合的进攻态势。三·三推进进攻战术包括阵地战战术配合、快攻战术配合和佯攻与转移等。

▼ 阵地战战术配合

 配合一　　见图 4-5-1

　　❷获球后,对方防守严密无法射门,❷将球传给摆脱防守的❹或❺射门,❺或❹抢截未射中的球。

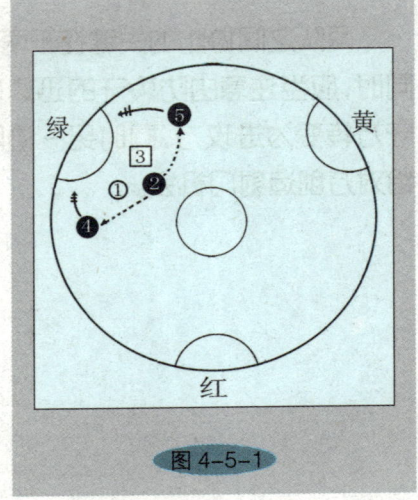

图 4-5-1

配合二 见图 4-5-2

❹获球后,对方防守严密无法射门,❷向❹移动,佯装接❹的球,吸引防守队员,❹迅速将球传给❺射门。

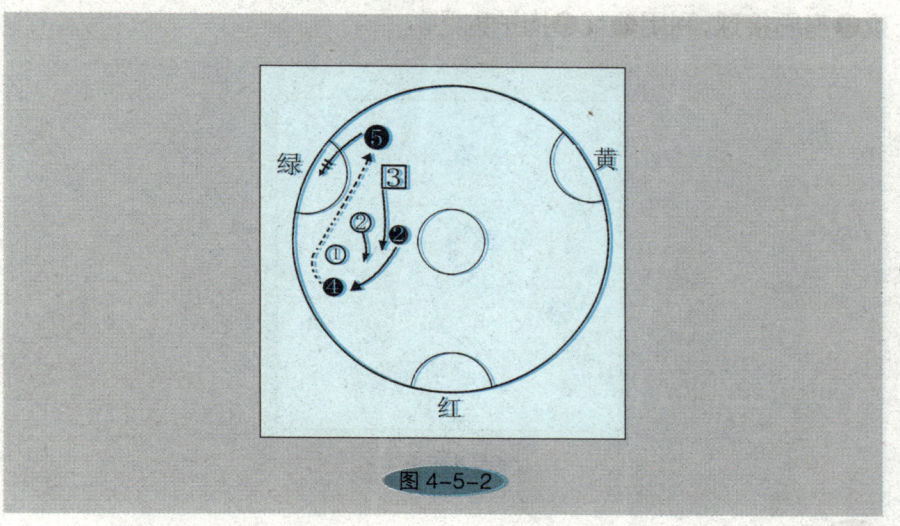

图 4-5-2

配合三 见图 4-5-3

❷获球后,将球传给❹或❺,然后摆脱防守直插门前,接❹或❺的回传射门。❹或❺获球后,同样可以传给❷,然后直插入前,❷传球射门。

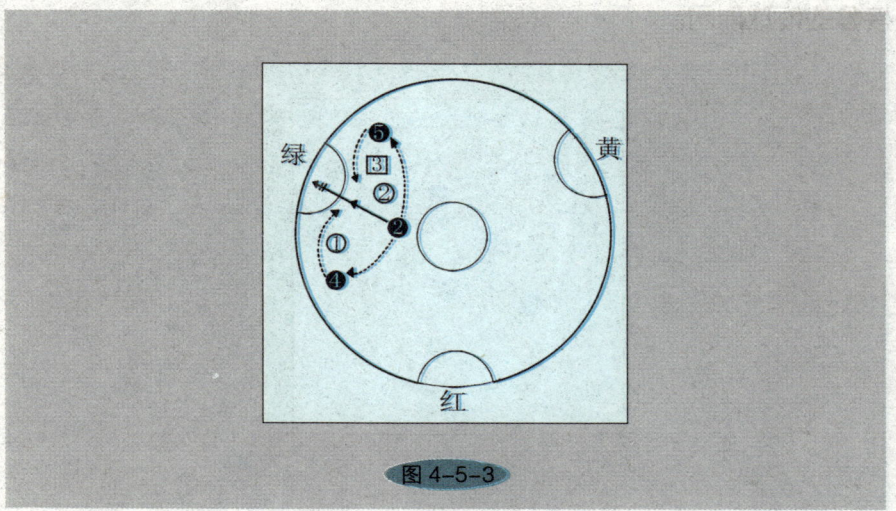

图 4-5-3

战术模式

配合四 见图 4-5-4

❷获球后，协防严密无法射门，❹或❺迅速跑动摆脱防守至②身后，接❷传球，利用❷掩护射门。❹或❺获球后，❷也可摆脱防守，到④或⑤身后接球，利用❹或❺掩护射门。

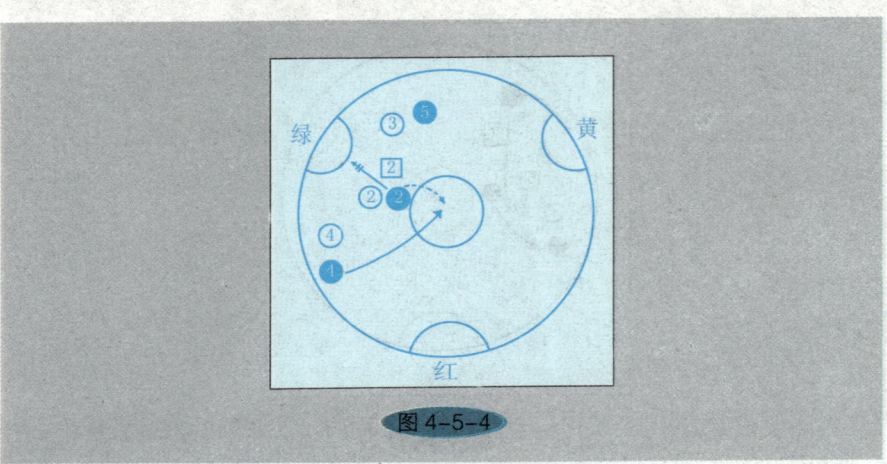

图 4-5-4

快攻战术配合

配合一 见图 4-5-5

❷获得裁判员掷出的球，❹和❺迅速摆脱防守向绿队球门两侧跑动。❷迅速将球传给❹或❺射门。同样❹和❺也可以向黄队球门跑动，接❷的传球射门。

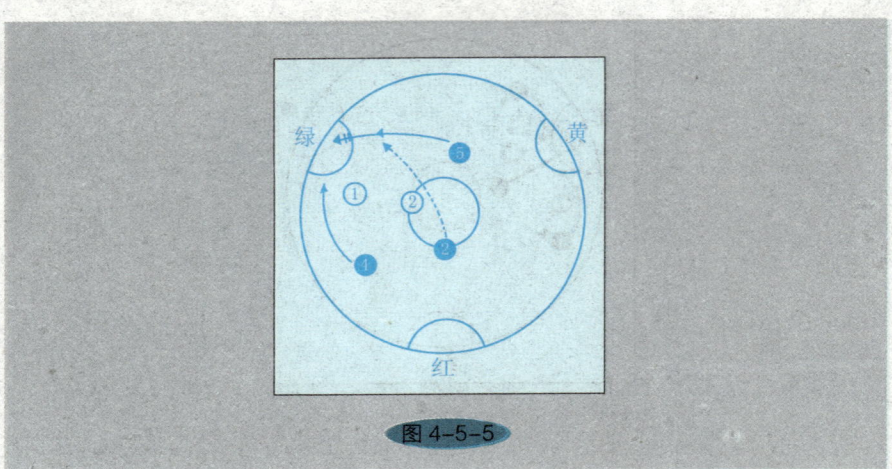

图 4-5-5

配合二 见图 4-5-6

❷接裁判员掷出的反弹球，迅速将球传给向绿队球门跑进的❹，❹迅速将球传给跑至绿队球门前的❺射门。

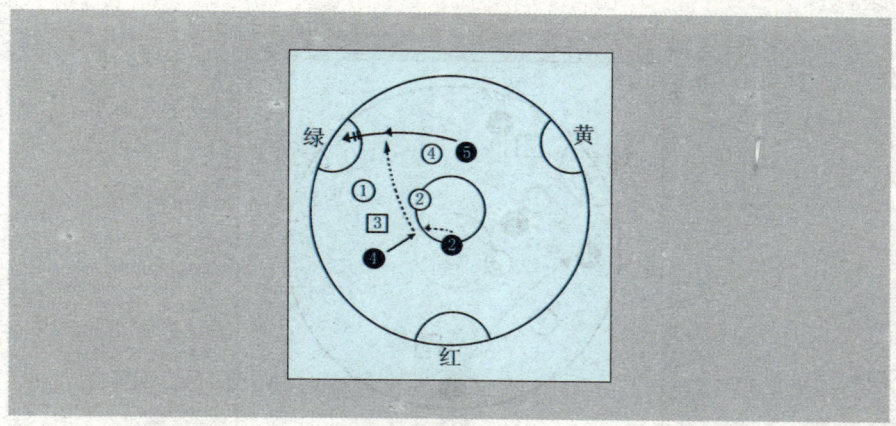

图 4-5-6

配合三 见图 4-5-7

❹在对方球门附近发界外球，将球向球门前高抛，❷或❺快速跳起，将球击入对方球门。

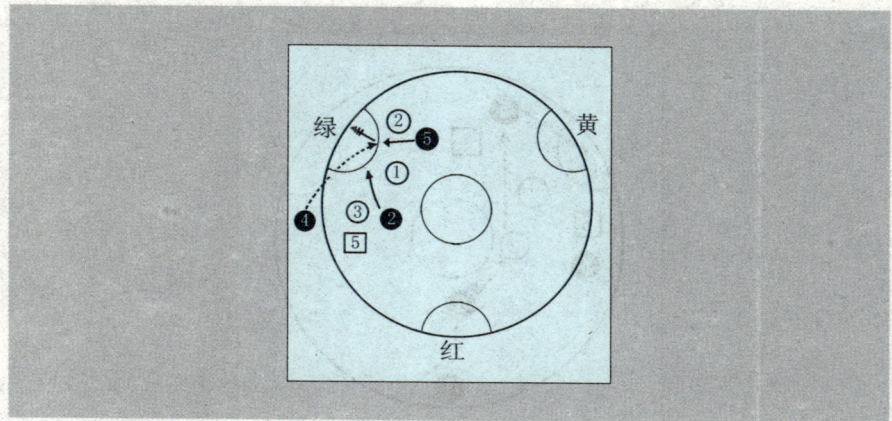

图 4-5-7

配合四 见图 4-5-8

　　球射中红队球门后，❶迅速将球发给摆脱防守后快速移动到对方球门附近的❷、❹、❺射门。此种方法也适合于本方球门附近发的界外球。

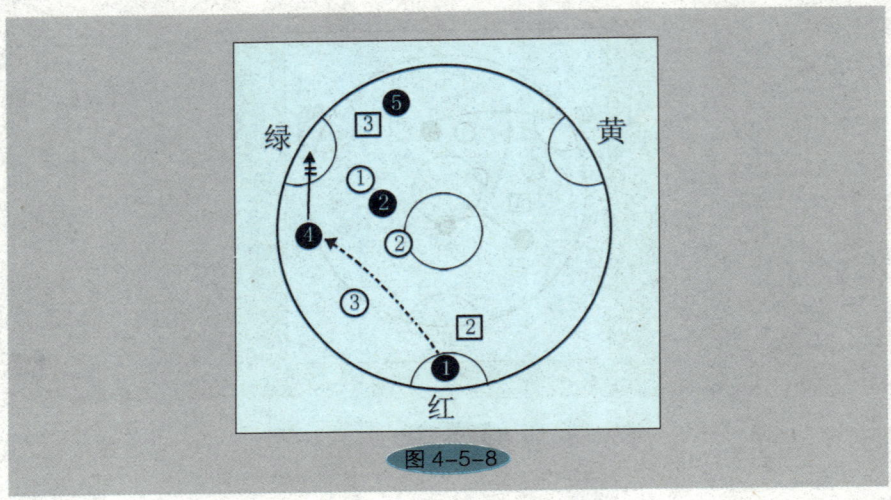

图 4-5-8

配合五 见图 4-5-9

　　❶在本方禁区内快速将球传给接球的❷，❷快速向前跑动，将球迅速传给靠近对方球门的❹或❺射门。

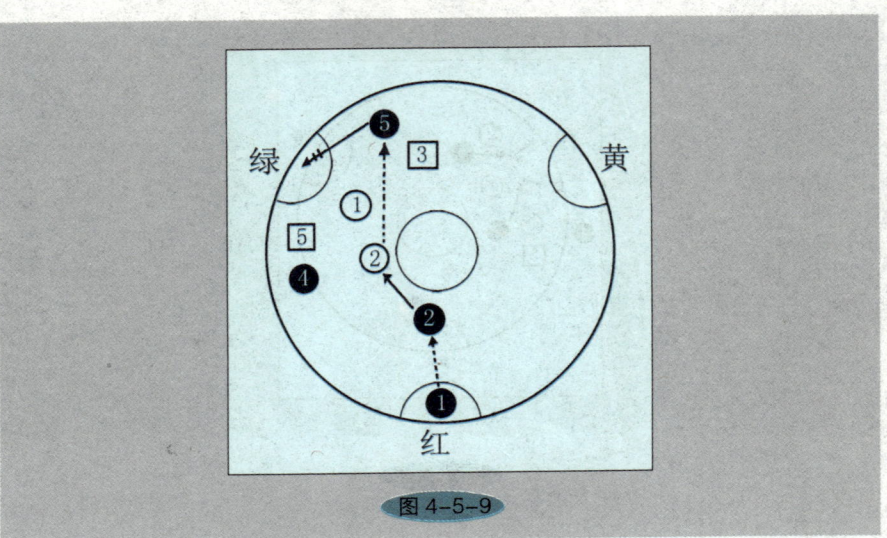

图 4-5-9

基础战术

配合六 见图 4-5-10

❸抢断球后,迅速将球传给对方球门前摆脱防守的❷、❹、❺射门,或将球传给接应的❷或❹,然后快速传给❺射门。

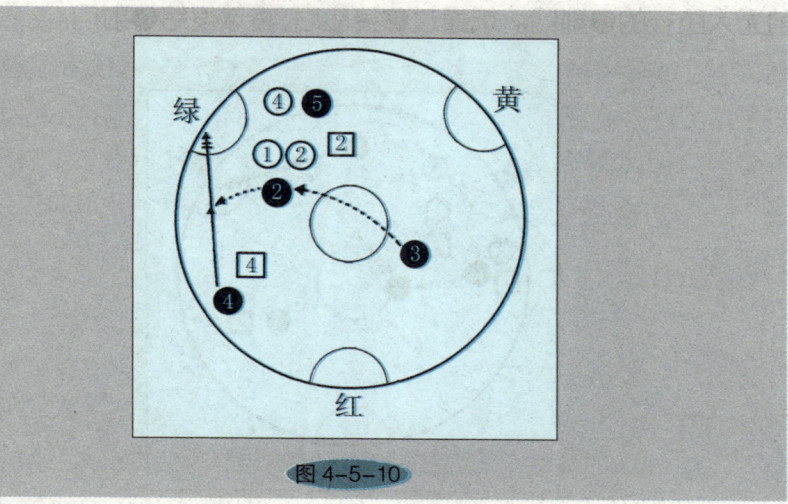

图 4-5-10

 佯攻与转移

配合一 见图 4-5-11

❷在中场控制球后,迅速向绿队球门持球跑动,然后突然转身,将球传给黄队球门附近的❸或❺射门。

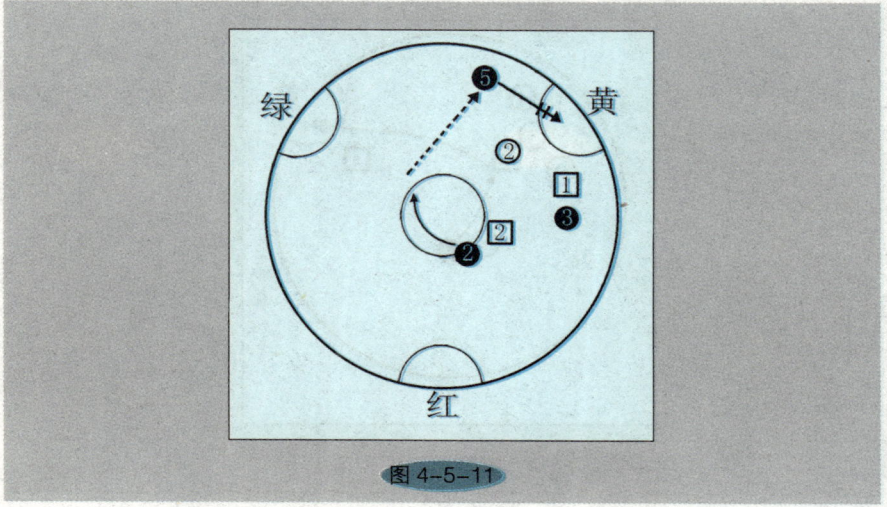

图 4-5-11

配合二 见图 4-5-12

❹在绿队球门抢到球，或在绿队球门前发球，或在绿队球门旁发界外球，因防守严密无法射绿队球门，而迅速将球直接传给黄队球门前无人防守的❺射门。或通过❷接应后，将球传给❺射门。

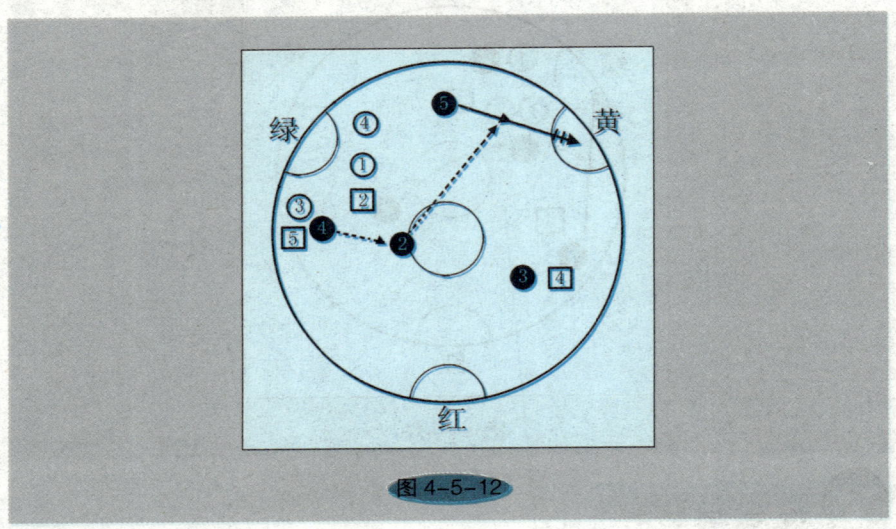

图 4-5-12

配合三 见图 4-5-13

❷获球后，向绿队球门跑动，然后突然快速转身，跑向防守薄弱的黄队球门前，直接射门。

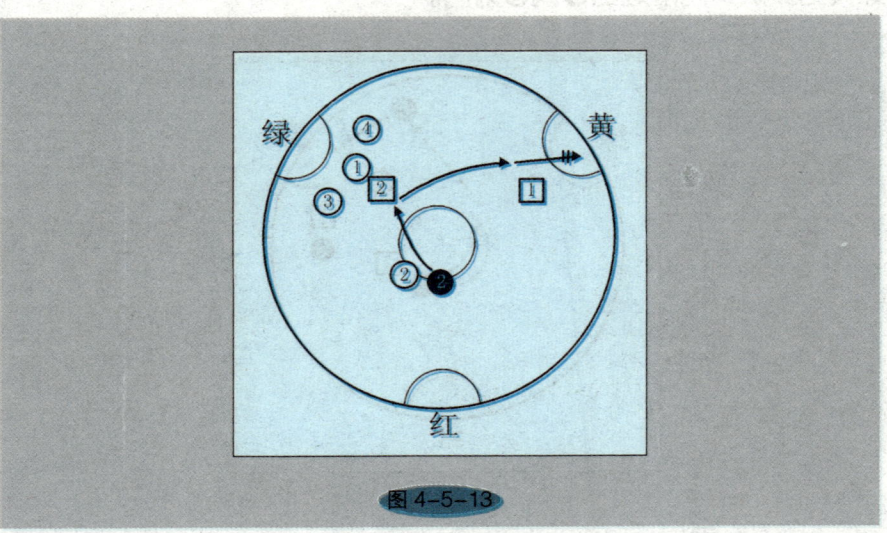

图 4-5-13

 **配合四** 见图 4-5-14

❷在绿队球门前发任意球，因防守严密突然转身向黄队跑动，将球射入防守薄弱的黄队球门。或跑动后将球传给无人防守的❺或❸射门。

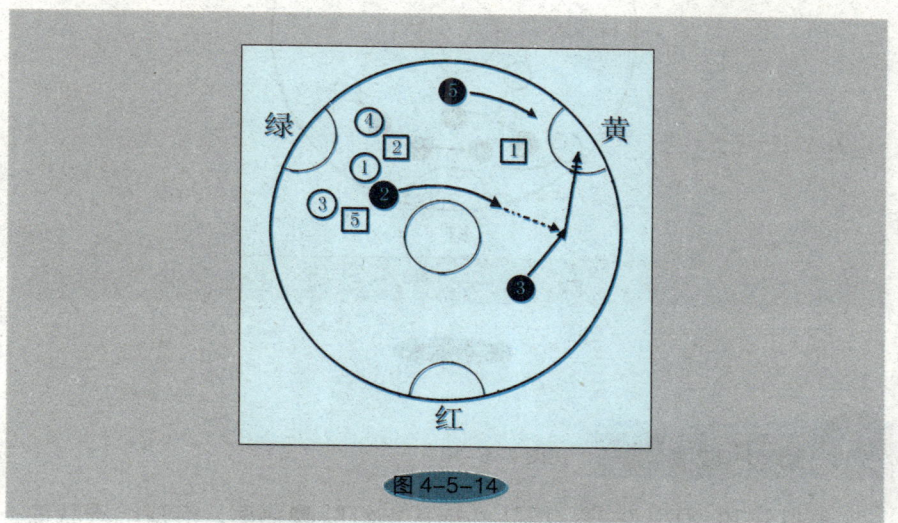

图 4-5-14

三·二防守战术是由本队前排 3 名队员和后排 2 名队员组成的互相配合的扇形防守阵势。该阵势是一切防守阵势的基础。无论对方从任何方向和角度进攻，都会遭到密集防守，都有前后两排队员的防守。三·二防守战术包括防突破、防中边配合、防边中配合和防快攻等。

防突破　见图 4-5-15

绿队进攻，红队防守。绿队②从红队❷❹之间突破，而❷❹关门堵截。红队❺堵截绿队⑤突破，红队❶堵截绿队③突破，红队❸在球门前封死射门路线。

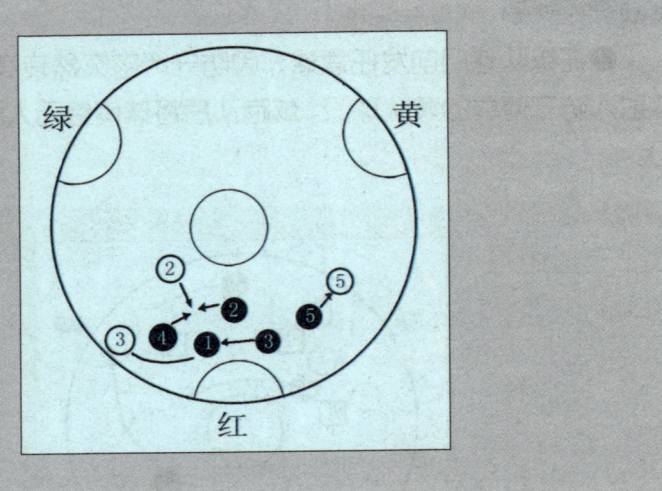

图 4-5-15

 防中边配合 见图 4-5-16

　　绿队进攻,红队防守。绿队②持球被红队❷堵截。传球给绿队⑤,则红队❺封堵,传球给绿队③则红队❹封堵,红队❶❸在球门前封死射门路线。

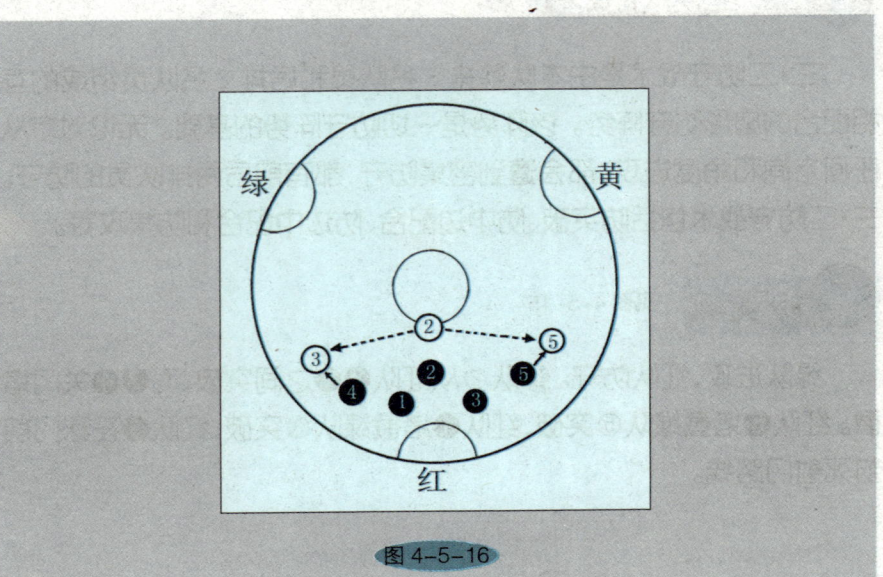

图 4-5-16

防边中配合 见图 4-5-17

绿队进攻，红队防守。绿队③持球边路突破红队❹❶堵截，红队❷❺阻截绿队②，不让其获球，红队❸在球门前封死射门路线。

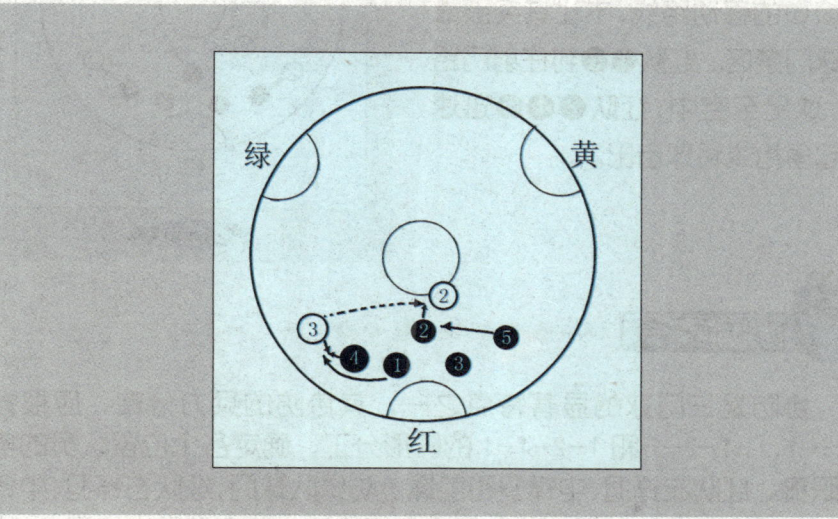

图 4-5-17

防快攻

配合一 见图 4-5-18

绿队②抢断球后快攻红队，红队❹首先封死绿队②的第一传，红队❷❸❺快速退防，并封死其传球路线。绿队②球出手后，红队❹快速回防，红队形成三·二防守阵势。

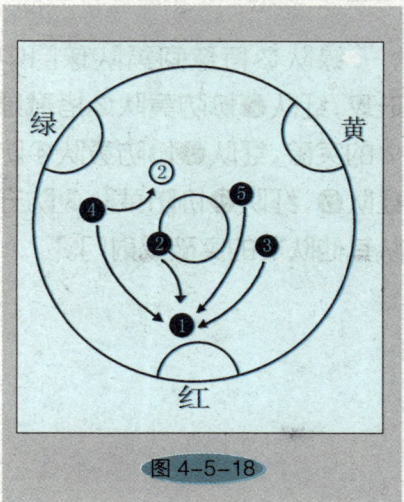

图 4-5-18

✿ **配合二** 见图 4-5-19

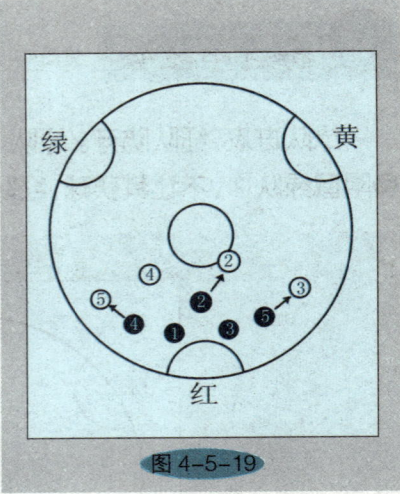

图 4-5-19

绿队④在红队球门前发球，或在球门旁边发界外球企图吊球快攻。红队❷❹❺堵住绿队进攻队员②③④的移动路线，不让其突破靠近球门禁区。红队❶❸封住射门路线，球吊至空中，红队❷❹❺迅速挑起争抢或将球击出。

协防配合 ◆◆◆◆◆◆

协防是三门球的显著特点之一，其协防的兵力分布，应根据 1-3-1、1-1-2-1 和 1-2-1-1 的阵形分工，确定各个位置队员的协防职责。红队左锋卫、中锋卫和前锋协防绿队球门，红队右锋卫、中锋卫和前锋协防黄队球门。协防配合包括协防中路突破和中边配合、协防边路突破和边中配合、协防快攻等。

协防中路突破和中边配合 见图 4-5-20

绿队②持球向黄队球门中路进攻，红队❷协防黄队②堵截绿队②的突破，红队❸协防黄队④防守红队❺，红队❺协防黄队③防守绿队其他队员的突破或射门。

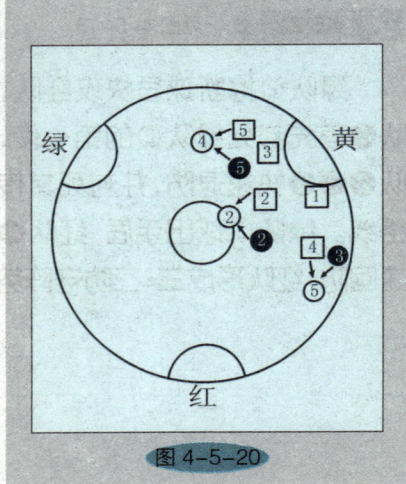

图 4-5-20

协防边路突破和边中配合 见图4-5-21

绿队③向黄队球门边线突破。红队❸协防黄队④堵截绿队③。红队❷协防黄队②堵截绿队②的切入,红队❺协防黄队⑤堵截绿队④的切入。

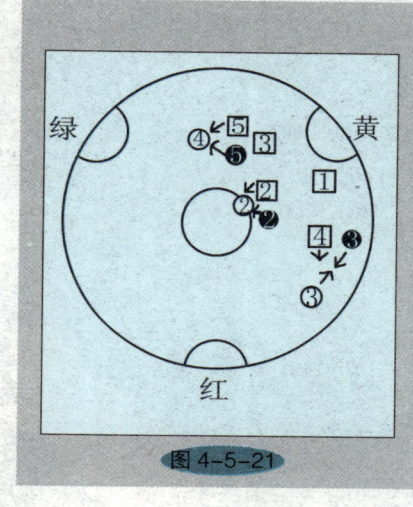

图4-5-21

 协防快攻 见图4-5-22

绿队②获球发动快攻进攻黄队球门。红队❺迅速协助黄队②堵截第一传。红队❷迅速移动到黄队球门前堵截绿队④的切入,红队❸迅速移动到黄队球门的另一侧,协助黄队④堵截绿队⑤,不让其接球。

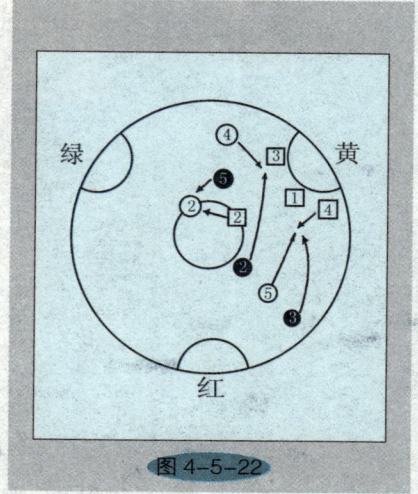

图4-5-22

战术模式

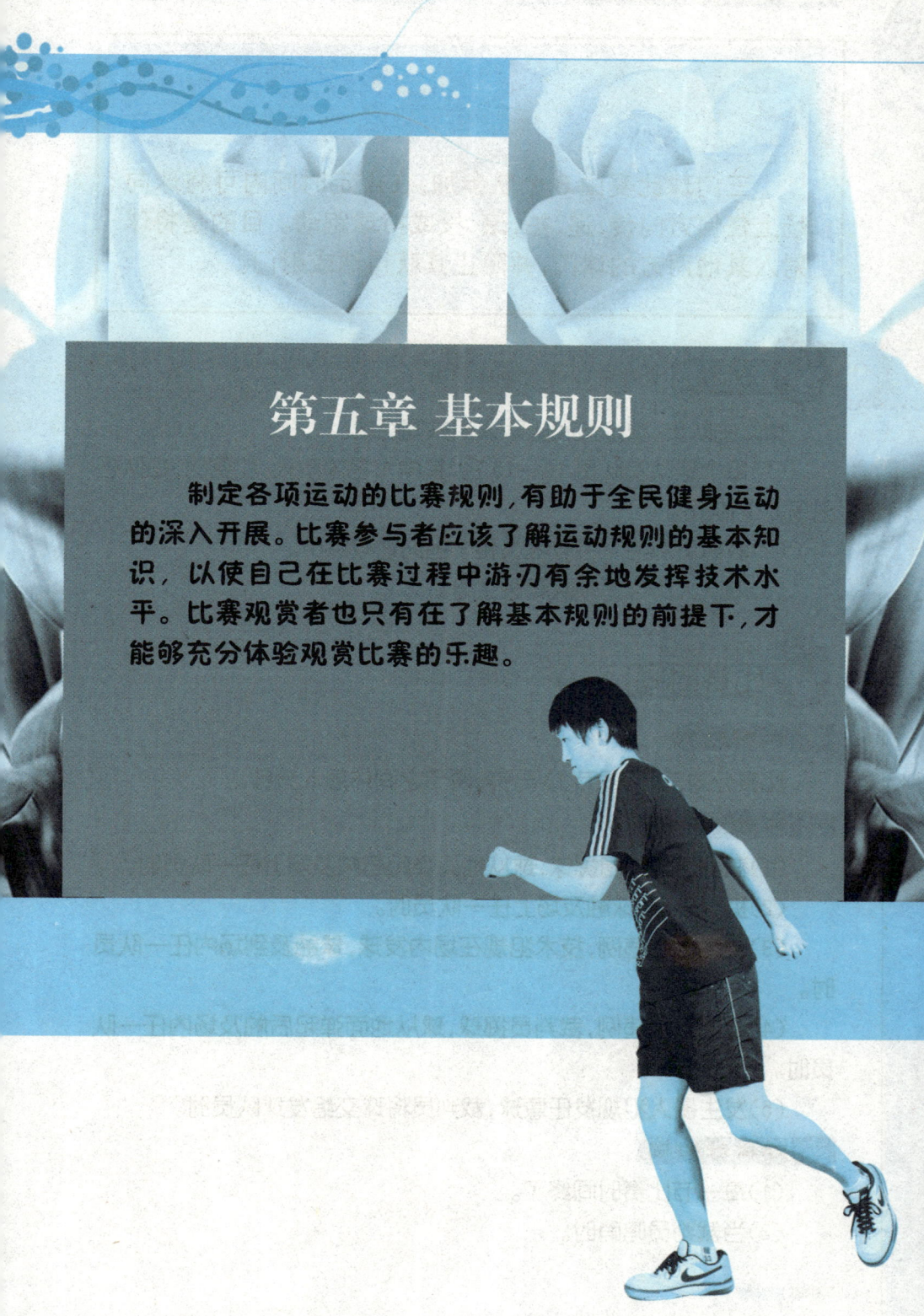

第五章 基本规则

　　制定各项运动的比赛规则,有助于全民健身运动的深入开展。比赛参与者应该了解运动规则的基本知识,以使自己在比赛过程中游刃有余地发挥技术水平。比赛观赏者也只有在了解基本规则的前提下,才能够充分体验观赏比赛的乐趣。

第一节

比赛方法

　　三门球比赛由 3 个队参加,在规定时间内可将球向场上任何方向传、递、拍、滚、投或持球跑动。目的是将球射入其他两方的球门,并阻止其获得球或射门。

球队

球队由队员、教练员和随队人员共同组成。

　　(1)每个球队有队员 10～15 名,其中 1 名为队长,比赛时,每队各出场 5 名队员。

　　(2)教练员包括 1 名教练员和 1 名助理教练员。

　　(3)随队人员包括领队和医生等。

比赛时间

❋ 比赛时间

比赛分为三节,每节 10 分钟,两节之间休息 5 分钟。

❋ 开动计时表

　　(1)裁判员至中圈掷球,球从地面弹起后触及场上任一队员时。

　　(2)掷界外球,球触及场上任一队员时。

　　(3)发生场内违例,技术犯规在场内发球,球触及到场内任一队员时。

　　(4)发生五秒违例,裁判员掷球,球从地面弹起后触及场内任一队员时。

　　(5)发生侵人犯规发任意球,裁判员将球交给发球队员时。

❋ 停止计时表

　　(1)每一节比赛时间终了。

　　(2)当裁判员鸣哨时。

比赛胜负

记分方法

比赛前每队基本分为 80 分,具体记分方法为:

(1)进攻方射中某方球门,防守的两方各扣 1 分。

(2)进攻方先射中某方球门,又射中另一方球门,则进攻方加 2 分。

(3)防守方队员抱住进攻方队员,造成进攻方队员五秒违例,则防守方加 2 分。

胜负判定

比赛时间到了,分数多的队获胜;若两队或三队分数相等,则加分多的队获胜;如果仍相等,则通过罚球来确定胜负。

比赛通则

罚球

(1)罚球只有在比赛时间终了,两方或三方扣分相等决定胜负时进行,罚球地点应选择在距记录台最近的球门,如果最终确定比赛名次要计算得失分率时,罚球扣分不应计算在内。

(2)每一轮罚球,每方各出一名队员抽签确定罚球和防守的顺序。三方罚球,罚球和防守的顺序:1 罚球 2 防守,2 罚球 3 防守,3 罚球 1 防守。两方罚球,罚球和防守的顺序是:1 罚球 2 防守,2 罚球 1 防守,直到决出胜负为止。

(3)罚球时只允许一名罚球队员和一名防守队员在场内,其余队员都必须退至场外,罚球队员在中圈内进行罚球,球出手前身体任何部位不得触及中圈外的地面,听到裁判员哨音五秒内必须将球射出,球出手后不得再触球,防守队员在罚球队员球出手前身体任何部位不得触及禁区或中圈界线和界线内的地面,防守队员可以用身体的任何部位击球防守。

（4）本场比赛被取消比赛资格的队员不得参加罚球或防守，已经参加过罚球或防守的队员不得再进行罚球和防守，除非本队有资格参加罚球或防守的队员都已参加过罚球或防守。

（5）罚球方队员违反本条规定罚中的球无效，防守方队员违反本条规定，不管罚球中与否均判罚球方射门有效。罚球方队员和防守队员同时违反本条规定则重先罚球。

（6）罚球队员每罚中一球，防守的一方扣２分。

🌼 控制球

比赛时间内，某方发球，球成活球时某方队员持球，球在某方队员之间传递，某方队员射门球出手后其余两方控制球前，均为某方控制球。

🌼 活球

下列情况表明球成活球：

（1）中圈掷球，球触及场上任一队员时。

（2）掷界外球，球触及场上任一队员时。

（3）禁区内发球，球触及禁区外场内任一队员时。

（4）发任意球，裁判员将球交给发球队员时。

（5）场内发球，球触及场内任一队员时。

（6）五秒违例，裁判员掷出的球从地面弹起后触及到场内任一队员时。

🌼 死球

下列情况表明球成死球：

（1）射中球门得分有效时。

（2）裁判员鸣哨时。

（3）第一节比赛时间终了时。

🌼 中圈掷球

下列情况必须进行中圈掷球：

（1）每节比赛开始时。

（2）中圈掷球，球未触及场内任一队员进入球门或出界。

（3）裁判员不能判断任何一方发球时。

有效射门

（1）合法的射门，球的整体进入某方球门，不管是停在球门内还是弹出球门，均为有效射门。

（2）活球时，任何一方防守队员触球，球进入防守方任何一个球门，仍为进攻队员有效射门，最后一个触球的进攻队员为射门队员。

（3）防守队员发生违例、侵人犯规、技术犯规，裁判员鸣哨时，进攻队员球已出手，射中的球有效。

（4）比赛时间终了，计时员发出信号时，进攻队员球已出手，射中的球有效。

（5）合法的罚球，罚中的球有效。

无效射门

（1）死球时无论球射中何方球门均无效。

（2）进攻队员使球进入本方球门无效。

（3）进攻队员发生违例、侵人犯规、技术犯规，裁判员鸣哨时，无论球是否出手，射中的球均无效。

（4）进攻队员下肢任何部位触球后，使球进入对方球门无效。

（5）在该防守方禁区内射中该防守方球门无效。

（6）不合法的罚球，罚中无效。

射中球门有效后发球的地点、对象

射中球门有效后，由被射中球门的一方在本方禁区内发球。

轮换场地

比赛开始前 10 分钟，由裁判员召集各方队长抽签确定球门位置。每一节比赛结束后，各方球门上的标志牌、分界旗按顺时针方向移动，轮换场地。

暂停与替换

暂停

每节比赛，每队有 1 次暂停机会，上一节比赛没有使用的暂停机

会不得移到下一节比赛使用。

❀ 替换

每队每次只能替换 1 人。替换时,场上队员出场后,替换队员方可入场。

第二节
裁判方法

在比赛过程中,裁判人员通过履行其职责,进行正确的裁判工作,来保证比赛的公平、公正。

裁判人员 ◆◆◆◆◆◆

每场比赛设裁判员 1 人,巡边员 3 人,计时员 1 人,助理计时员 1 人,记录员 1 人,助理记录员 2 人。

违例 ◆◆◆◆◆◆

❀ 球出界违例

球体触及球场界线、界线外的地面、物体,持球队员身体触及球场界线、界线外的物体或地面,均为球出界违例。

❀ 持球移动违例

在比赛时间内,持球队员可以向场上任何方向跑动或跳跃,但跑动或跳跃不得超过 4 步;跑动或跳跃停止后,不得再跑动或跳跃。

❀ 脚踢球违例

在比赛时间内,任何队员不得用脚踢球,不得用下肢的任何部位击球。

❀ 五秒违例

进攻队员持球,无论是原地站立或持球跑动,都必须在 5 秒内将球传、递、滚、拍出或射门。

中圈掷球违例

中圈掷球时,任何一方只允许1名队员背对本方球门,一脚踩在中圈界线上站在中圈内,球接触地面后方可跑动抢球,其余队员必须站在中圈外,身体任何部位不得触及中圈界线和中圈内的地面,球未离开中圈前,不得进入中圈抢球。

发界外球违例

发界外球时,球出手前身体任何部位不得触及界线内的地面、物体;5秒内必须将球掷入场内;不得将球直接掷入任何一方球门或球场界线外;不得在球门后发球;球掷入场内后未经其他队员触及不得触球。

禁区内发球违例

禁区内发球时,球出手前身体任何部位不得触及禁区界线以外的地面;不得直接将球掷入任何一方球门;5秒内必须将球传或滚出禁区;球掷出禁区后未经其他队员触及不得触球。

进攻队员进入防守方禁区违例

进攻队员不得进入防守方禁区,不得在防守方禁区内射门,否则视为违例;只有当球进入防守方禁区时,进攻队员才可以进入防守方禁区抢球。

场内发球违例

发生违例、技术犯规需在场内发球时,发球队员接到裁判员递交的球后,5秒内必须将球掷出;球离手前不得移动站立位置;不得将球直接掷入任何一方球门;球离手后未经其他队员触及不得触球。

违例后发球的对象、地点

(1)一方发生球出界、发界球违例,则由非违例两方中,球门距违

例地点较近的一方在就近的界线外发球；两方同时使球出界，则由第三方在就近的界线外发球。

（2）一方发生5秒违例，防守的一方抱、拉住持球队员时，则由抱、拉住持球队员的这一方在违例地点发球；防守的两方分先、后抱、拉住持球队员时，则由先抱、拉住持球队员的一方在违例地方发球；防守的两方同时抱、拉住持球队员时，则由裁判员在违例地点掷球。裁判员掷球时，非5秒违例的任何一方又发生违例，则由非五秒违例的另一方在掷球地点发球。

（3）一方发生上述一、二款以外的一切违例，则由非违例两方中，球门距违例地点较近的一方在违例地点发球；两方同时发生上述一、二以外的一切违例则由第三方在违例地点发球。

（4）发生违例后、在场内发球时，如果发球地点是在对方禁区内，则移至就近的禁区外发球。

侵人犯规是指在比赛时间内，队员采用推、踢、打、绊、摔或抱、拉无球队员或抱、拉持球队员躯干、上肢以外部位等不合法的行动，阻止对方队员进攻或防守，触及对方队员身体的举止。不同情况下的犯规及罚则为：

（1）防守队员对进攻队员发生侵人犯规，射中的球有效，未射中则由进攻队员发任意球。

（2）进攻队员对防守队员发生侵人犯规，射中的球无效，由被侵犯方发任意球。

（3）进攻队员和防守队员同时发生侵人犯规，射中的球无效，由第三方发任意球。

（4）防守的两方发生侵人犯规，视作同队队员犯规不予追究，但若是警告或取消比赛资格的犯规，应立即判罚。

（5）队员发生故意侵人犯规或严重侵人犯规时，由裁判员给予1次黄牌警告。

（6）队员故意发生严重侵人犯规、打架斗殴时，给予1次红牌警告，立即取消其比赛资格。

 发任意球地点、方法

（1）发任意球时在犯规地点进行，犯规地点在某方禁区内或距某方禁区界线不足2米时，应移至就近的禁区外，距禁区界线2米以外发球。

（2）发任意球时，裁判员必须将球交给发球队员，发球队员接到裁判员递交的球后，可以射门、传递、持球跑动。

（3）任何防守队员都必须离发球队员2米站立。防守队员只有待发球队员射门、传递球出手或持球跑动后方可移动位置进行防守。

 技术犯规

比赛中，各队必须遵循体育道德精神，发扬良好的比赛作风，并与裁判人员积极合作，否则就可能被判罚技术犯规。

队员技术犯规

（1）漠视或不服从裁判员的判决，与裁判员进行争辩。

（2）同裁判员及其助理人员接触没有礼貌。

（3）使用侮辱性的语言侮辱对方或戏弄、威胁对方。

（4）判警告后不按规则要求正当举手。

（5）妨碍迅速地发球以延误比赛。

（6）擅自更换号码，同队队员使用相同号码，登记号码与队员号码不符。

（7）没有按规定的替换程序替换，擅自进入场内。

（8）离开场地去获得不正当的利益。

（9）故意进入禁区进行防守。

（10）故意推倒、移动、损坏球门或分界旗。

（11）受黄牌警告，停赛 3 分钟，时间未到就擅自进入场内。

（12）5 秒违例裁判员掷球时，5 秒违例的一方故意首先触球。

教练员、助理教练员、场外队员、随队人员技术犯规

（1）离开球队席或进入场内去指挥场上队员。

（2）对裁判员及助理人员讲话没有礼貌。

（3）使用侮辱性的语言侮辱对方或戏弄、威胁对方。

（4）碰倒、移动、损坏球门或分界旗。

球队技术犯规

（1）防守的一方故意阻止防守的另一方进行防守。

（2）故意失去获得球的机会，让另一方获得球，或故意将球传给另一方。

（3）故意离开有利的防守位置，或故意不去占据有利的防守位置，造成进攻方射门的机会。

（4）故意造成违例，使另一方获得发球机会。

▼ 技术犯规后发球方法、地点

（1）防守方发生技术犯规，进攻队员射中的球有效；未射中，由进攻方在技术犯规地点就近的场内发球。

（2）进攻队员发生技术犯规，射中的球无效，由被侵犯的一方在技术犯规地点就近的场内发球；未侵犯任何一方，则由防守两方中，球门距技术犯规地点较近一方，在技术犯规地点就近的场内发球。

（3）任何一方均不控制球，发生技术犯规，由被侵犯的一方在技术犯规地点就近的场内发球；未侵犯任何一方，由球门距犯规地点较近一方在技术犯规地点就近的场内发球。

（4）进攻方和防守方同时发生技术犯规，射中的球无效，由第三方在技术犯规地点就近的场内发球。

（5）如果技术犯规地点在某方禁区内，则移至就近的场内禁区外发球。